Langenscheidt

Murder in the Night
Mord bei Nacht

by Stefani Hübner, Martin Hooper

Langenscheidt

Berlin · München · Wien · Zürich · New York

Übungen und muttersprachliche Durchsicht: Carole Eilertson
Lektorat: Gabriele Dietz
Layout: Ute Weber
Coverfoto: Fotolia

www.langenscheidt.de

Umwelthinweis: Gedruckt auf chlorfrei gebleichtem Papier

Satz: kaltnermedia GmbH, Bobingen
Druck: Mercedes-Druck, Berlin
Bindung: Stein + Lehmann, Berlin
Printed in Germany

ISBN 979-3-468-44117-2

09010

One

Der Zug hielt mit quietschenden Bremsen. Ein Zittern ging durch den Waggon, dann gab es einen Ruck. Die achtlos zusammengerollte Lederjacke, die Sarah sich als Kissenersatz unter den Kopf geschoben hatte, glitt zu Boden. Sie wachte auf. Ihr Nacken schmerzte; sie fühlte sich nach der langen Reise steif und unausgeschlafen. Mit den Fingern fuhr sie sich durch die kinnlangen Locken und gähnte. Sie brauchte dringend eine große Tasse heißen Kaffee. Ihr Blick fiel auf ihre Armbanduhr und plötzlich war sie hellwach. Sie stieß einen Fluch aus, der hoffen ließ, dass ihre Mitreisenden der deutschen Sprache nicht mächtig waren. Hastig suchte sie ihre Jacke und die Fototaschen zusammen und spähte dabei immer wieder aus dem Fenster.
“Excuse me, is this Windermere station?”
Die ältere Dame, mit der sie schon seit Manchester das Abteil teilte, lächelte amüsiert. “**Not yet, my dear**. You can go back to sleep for at least half an hour. The next stop is Kendal.”
Der Zug ruckte wieder an und Sarah ließ sich in ihren Sitz zurücksinken. Das war ja ein toller Anfang! Hatte sie sich nicht vorgenommen, diesmal alles eine Spur ruhiger angehen zu lassen? Sie wusste, dass sie jetzt kein Auge mehr zutun würde. Schon wenig später wurde der Zug wieder langsamer und hielt schließlich.
Neugierig spähte Sarah aus dem Fenster. Kendal hatte einen hübschen kleinen Bahnhof mit einem flachen Gebäude aus grauem Stein und den halb hohen Steinmauern, die man hier überall in der Gegend sah. Spontan griff Sarah nach

---

not yet [ˌnɒt ˈjet] noch nicht **my dear** [maɪ ˈdɪə] meine Liebe

ihrer Kamera und wandte sich fragend an ihre Mitreisende. "May I open the window for a moment?"
Die ältere Dame nickte zustimmend. Sarah beugte sich aus dem Fenster und begann routiniert, eine Reihe von Fotos zu machen. Auf dem Bahnsteig stritt sich ein junges Paar und ein Familienvater setzte ein kleines Kind auf seine Schultern. Lächelnd drückte Sarah ein letztes Mal auf den Auslöser und verstaute dann sorgsam ihre Kamera.
"Are you from Germany?" Die alte Dame musterte Sarah mit freundlichem Interesse. "Are you on holiday?"
Sarah nickte. "Yes, I'm from Hamburg. I'm going to visit my older sister. She lives on a farm near Keswick." Sie spürte einen Anflug schlechten Gewissens, als sie überlegte, wie selten sie Caroline seit deren Umzug nach England gesehen hatte.
"Keswick is a nice town. It is called the home of pencils because the first pencils in the world came from there. Is your sister a farmer?"
Sarah hob die Schultern. "Yes, but she hasn't always been a farmer. Back in Germany she was a teacher. She came to the Lake District several years ago after she got married. Her husband **breeds sheep**."
"Is he a **local**?" Die Frau lächelte entschuldigend. "I don't want to be **nosy**, but I'm from round here too."
"He was a **three-day eventer** in the past. He **rode** horses and won a lot of **prizes**. My brother-in-law's name is Derek Hebblethwaite." Sarah erinnerte sich an die Hochzeit ihrer

---

to breed (bred, bred) animals [ˌbriːd / ˌbred / ˌbred ˈænɪmlz] Tiere züchten **sheep** [ʃiːp] Schaf **local** [ˈləʊkl] Einheimischer **nosy** [ˈnəʊzɪ] neugierig **three-day eventer** [ˌθriːdeɪ ɪˈventə] Vielseitigkeitsreiter **to ride (rode, ridden)** [raɪd / rəʊd / ˈrɪdn] reiten **prize** [praɪz] Preis

Schwester in London. Der Bräutigam war hager und so groß gewesen, dass sie ihn sich kaum auf einem Pferd vorstellen konnte. Derek sah nicht im landläufigen Sinne gut aus, doch Sarah hatte sein markantes Gesicht auf merkwürdige Weise anziehend gefunden. Sie hatte nicht erwartet, dass der Name ihrer Reisegenossin etwas sagte, aber zu ihrer Überraschung nickte diese freudestrahlend.

"Oh yes, he was quite **successful** in his time. So, you are going to Helvellyn Farm then?"

"Yes." Sarah nickte. "Yes. Helvellyn is quite a strange name."

"Well, it is an **unusual** and very old name. It is the name of a mountain. **In fact**, Helvellyn is the third highest mountain in England." Ihr Gegenüber strahlte immer noch, offenbar stolz auf ihr Wissen. Sarah fiel plötzlich auf, wie unvorbereitet sie ihre Reise angetreten hatte.

"I haven't bought a travel guide", bekannte sie reumütig. Für Planungen war ihr nicht viel Zeit geblieben, ihr Terminkalender platzte aus allen Nähten, und sie war dankbar, dass ihre Karriere als Modefotografin sich so vielversprechend anließ. Gerade hatte sie eine anstrengende Fotoproduktion für eine große Modezeitschrift hinter sich, und Caroline hatte darauf gedrängt, dass sie in einem der neu hergerichteten Ferien-Cottages auf der Farm ein paar Tage ausspannen sollte.

Übung 1: Stimmen die folgenden Aussagen? Kreuzen Sie die zutreffenden Sätze an.

1. ☐ Sarah is going to visit her brother.

2. ☐ Her sister hasn't always been a farmer.

---

successful [sək'sesfl] erfolgreich **unusual** [ʌn'juːʒʊəl] ungewöhnlich **in fact** [ɪn 'fækt] tatsächlich

3. ☐ Her brother-in-law has won prizes for horse-riding.
4. ☐ Sarah lives in Munich.
5. ☐ Helvellyn is a lake.
6. ☐ Sarah hasn't got a travel guide.

Die Aussicht auf ein paar freie Tage mit ihrer Schwester und auf spektakuläre Landschaftsaufnahmen im Lake District war verlockend gewesen, doch den letzten Ausschlag für ihre Reise hatten Carolines merkwürdige Andeutungen gegeben, wenn sie miteinander telefonierten. Irgendetwas schien nicht ganz in Ordnung zu sein auf ihrem Hof. Und dann war da noch dieser Brief.
Sarah zog einen zerknitterten Umschlag aus ihrer Umhängetasche, auf dem in Carolines großer, energischer Handschrift ihre Adresse stand.

Hello little sister,
I'm in a hurry, so I'll just write a short letter to you in English. I'll explain everything later. I am looking forward to seeing you. I really need some good **advice**. I miss talking to you so much! Do you have the **directions** to the farm? You can fly to Manchester. Then take the train from the airport to Windermere. I'll try to **pick** you **up** from the station.
Love, Caro

Sarah starrte den Brief an, als könne sie ihn auf diese Weise zwingen, seine Geheimnisse preiszugeben. Was wollte Caroline ihr erklären? In welcher Angelegenheit brauchte sie ihren Rat? Sarah kannte niemanden, der

---

advice [əd'vaɪs] Rat **directions** [dɪ'rekʃnz] Wegbeschreibung
to pick sb. up [ˌpɪk / 'ʌp] jdn. abholen

so lebenstüchtig und zupackend veranlagt war wie ihre große Schwester. Sie konnte sich kaum eine Situation vorstellen, in der Caroline nicht wusste, was zu tun war. Als sie sich noch eine Studentenbude in Hamburg geteilt hatten, war es immer die praktische Caro gewesen, die Sarah bei Liebeskummer getröstet und bei Durststrecken während ihres Studiums zum Durchhalten ermutigt hatte. Caro hatte ihr sogar das Geld für ihre erste eigene Kameraausrüstung geliehen. Sarah verspürte wieder einen Stich in der Magengegend. Ja, sie vermisste die langen Gesprächsabende mit ihrer Schwester auch; ihr war bisher gar nicht aufgefallen, wie sehr.
"Bad news?"
Sarah hob den Kopf. Für einen Moment hatte sie die ältere Dame völlig vergessen. Sie seufzte. "I hope not, but I really don't know", bekannte sie freimütig.
"Well, I wish you **good luck**." Ihre Reisegefährtin lächelte Sarah aufmunternd zu. In diesem Moment wurde der Zug langsamer. Sarah blickte neugierig aus dem Fenster. In einiger Entfernung kamen ein Gebäude und ein Bahnsteig in Sicht. "Is this ...?"
Die Engländerin lächelte. "Yes, we've finally arrived. This is Windermere. See all the pretty **yachts** sailing there! Welcome to the Lake District."

Sarah stellte ihre Fototaschen ab und blickte sich dann suchend auf dem Bahnsteig um. Eine Gruppe junger Leute mit Rucksäcken und Wetterjacken drängte sich vor dem Zug. Doch Caroline war nirgendwo zwischen den Wartenden zu entdecken. Sarah bummelte den Bahnsteig entlang, der sich

---

good luck [ˌgʊd ˈlʌk] viel Glück **yacht** [jɒt] Jacht

langsam leerte. Der Bahnhof war kleiner, als sie gedacht hatte. Es gab keine Läden, nur den Bahnsteig und ein flaches, lang gestrecktes Bahnhofsgebäude.
"Hello! You're Sarah!"
Eine alte Dame im Tweedkostüm kam eilig auf sie zu. Außer Atem blieb sie vor Sarah stehen und rückte mit einer Hand das braune Hütchen zurecht, das auf ihrer weißen Haarpracht thronte. Sie erinnerte Sarah an die verstorbene Queen Mum. Eine Hand in die Hüfte gestemmt, musterte sie Sarah aufmerksam, während sie versuchte, zu Atem zu kommen.
"**Gosh**, your sister **wasn't exaggerating**. You're **gorgeous**!"
Normalerweise mangelte es Sarah nicht an Selbstbewusstsein, doch diese unverblümte Bewertung machte sie einen Augenblick lang sprachlos. Das Blut schoss ihr in die Wangen. Wie ein verlegenes Schulmädchen, dachte sie amüsiert. Sie wusste jetzt, wer diese Bilderbuchoma war. Sie waren sich bei Carolines Hochzeit nur kurz begegnet, aber Elizabeth Hebblethwaite war einfach unverwechselbar.
"You are Derek's grandmother, right?"

Übung 2: Unterstreichen Sie den richtigen Begriff.

1. Caroline wrote Sarah a *(short/long)* letter.
2. Caroline needs some good *(advice/news)*.
3. Caroline gives Sarah *(advice about/directions to)* the farm.
4. Sarah *(drove/flew)* to Britain.
5. The old woman on the train wishes Sarah *(a nice holiday/good luck)*.
6. Her brother-in-law's *(mother/grandmother)* has just talked to her.

Gosh! [gɒʃ] Donnerwetter! **to exaggerate** [ɪgˈzædʒəreɪt] übertreiben
gorgeous [ˈgɔːdʒəs] bildhübsch

"Excuse me, where are my **manners**? I'm Liz Hebblethwaite." Sie streckte ihr die Hand entgegen. "I'm afraid I'm a bit late. I was just repairing some **fences** and your sister said, 'Liz – can you meet my sister at the station?'"
Sarah hatte auf einmal ein flaues Gefühl in der Magengegend. "Is there anything wrong? Where is Caroline?"
"Oh no, dear, don't worry." Liz legte ihr eine Hand auf den Arm. "Caroline is all right."
Sarah atmete auf, aber das merkwürdige Gefühl wollte sich nicht ganz verflüchtigen. "Is there anything wrong on the farm?" Sie kannte ihre Schwester gut genug, um zu wissen, dass nur etwas wirklich Dringliches Caroline davon abhalten konnte, sie persönlich abzuholen.
Die alte Dame schien einen Moment zu zögern. "I **hate** to **bother** you with our problems. You are on holiday and shouldn't worry about such things." Sie seufzte. "We had a fire on the farm last night. Nothing serious, but a lot of **trouble**. The **fire brigade** came over to **put** it **out properly**." Kopfschüttelnd griff sie nach zwei von Sarahs Taschen und ignorierte deren Protest.
"Just a moment, my dear. Perhaps I'm old, but I'm not that old. I'm still helping on the farm, remember?"
Wie ein gescholtenes kleines Mädchen eilte Sarah hinter Liz her. Das war ein Gefühl, das einer erwachsenen, selbstständigen Frau nur Großmütter vermitteln konnten, entschied sie. Nicht allein die eigenen, sondern alle Großmütter vom

---

manners ['mænəz] Manieren **fence** [fens] Zaun **to hate to do sth.** [ˌheɪt tə 'duː] etw. höchst ungern tun **to bother sb.** ['bɒðə] jdn. belästigen **trouble** ['trʌbl] Ärger **fire brigade** ['faɪə brɪˌgeɪd] Feuerwehr **to put (put, put) a fire out** [ˌpʊt / ˌpʊt / ˌpʊt / ə 'faɪə aʊt] ein Feuer löschen **properly** ['prɒpəlɪ] richtig

Schlage Liz Hebblethwaites. Sie wird darauf achten, dass ich ordentlich esse, und mich mit einer Tasse Kakao ins Bett stecken, dachte Sarah. Sie musste sich zusammennehmen, um nicht laut herauszuplatzen. Sie mochte Elizabeth Hebblethwaite auf Anhieb.

Dereks Großmutter lud Sarahs Gepäck in einen betagten Geländewagen. Das Fahrzeug war erstaunlich gut gepflegt, stellte Sarah fest; irgendjemand auf der Farm schien ein begabter Mechaniker zu sein.

"You've got a lot of luggage. But you're lucky I have come in the Land Rover."

"I've brought all my **photo equipment**", erklärte Sarah.

"What kind of photos do you take?", erkundigte sich Liz, während sie den Wagen geschickt aus der engen Parklücke auf die Straße manövrierte. Es war ungewohnt für Sarah, auf der linken Seite zu sitzen. Es würde eine Weile dauern, bis sie sich an den Linksverkehr gewöhnt hatte.

"Mostly **fashion**. I work for all the big magazines." Sollte sie erzählen, dass sie vor Kurzem ihr erstes Coverfoto gemacht hatte? Sie war furchtbar stolz darauf gewesen, aber hier schien es plötzlich nicht mehr von so großer Bedeutung zu sein.

"You don't look like a fashion **victim**!" Liz warf einen Seitenblick auf Sarahs schlichte Jeans mit dem kurzärmeligen Rollkragenpullover. Ein paar ausgefallene rote Schuhe waren ihr einziges Zugeständnis an die Mode.

"I'm not, you're right. Many people in the fashion business prefer a **simple** style themselves. I love shoes, though."

"You won't find a lot of fashion here. Only Barbour jackets

---

photo equipment ['fəʊtəʊ ɪˌkwɪpmənt] Fotoausrüstung **fashion** ['fæʃn] Mode **victim** ['vɪktɪm] Opfer **simple** ['sɪmpl] einfach

and **hiking boots**." Obwohl die alte Dame ein todernstes Gesicht machte, hätte Sarah schwören können, dass sie versuchte, sie aufzuziehen.
"Oh, the English country style is famous, but this time I'm more interested in the **landscape**." Und an dem, was Caroline mir anvertrauen will, fügte sie in Gedanken hinzu. Laut sagte sie: "I'm planning a coffee table book with pictures of the countryside. That's why I **brought** my cameras **along**."
"Then you're in the right place. I've lived in the Lake District all my life and I still can't imagine a more **spectacular** place. It's like living in a picture book. We have lots of superlatives here – the largest lakes, the highest mountains and the most dramatic **scenery**. In Victorian times visitors to the Lake District didn't bring along cameras. They **turned up** here with **framed mirrors** in their luggage."
Sarah lachte. "**You're kidding**."
"No, it's true. They held up their mirrors on the mountains and around the lakes and the **reflection** looked like a romantic painting. So, what's your first **impression** of the Lakes?"
Sarah blickte aus dem Fenster. Sie hatten die Ortschaft verlassen und folgten nun einer ziemlich stark befahrenen Hauptstraße. Trotzdem war die Aussicht atemberaubend.

---

hiking boot ['haɪkɪŋ buːt] Wanderstiefel **landscape** ['lændskeɪp] Landschaft **to bring (brought, brought) sth. along** [ˌbrɪŋ / ˌbrɔːt / ˌbrɔːt / ə'lɒŋ] etw. mitbringen **spectacular** [spek'tækjʊlə] eindrucksvoll **scenery** ['siːnərɪ] Landschaft **to turn up** [ˌtɜːn 'ʌp] aufkreuzen **framed** [freɪmd] gerahmt **mirror** ['mɪrə] Spiegel **You're kidding.** [ˌjər 'kɪdɪŋ] Sie machen Witze. **reflection** [rɪ'flekʃn] Spiegelbild **impression** [ɪm'preʃn] Eindruck

Auf der linken Seite gaben die Bäume jetzt wieder den Blick auf einen großen See frei, dahinter erhob sich eine Bergkette mit zwei merkwürdig geformten, annähernd gleich hohen Gipfeln: Lake Windermere und die Langdale Pikes.
"There are more mountains than I **had expected**", gestand sie. "And the roads are really **crowded**."
Liz verzog den Mund zu einem süffisanten Lächeln. "Just wait. Let's leave the main road. There are still a lot of **isolated** places around here and Helvellyn Farm is one of them."

---

to expect sth. [ɪk'spekt] etw. erwarten **crowded** ['kraʊdɪd] voll
isolated [aɪsə'leɪtɪd] abgelegen

Two

"Es ist fantastisch hier."
Sarah ließ ihren Blick über die verschachtelt aneinandergebauten Farmgebäude und die sanft abfallenden grünen Weiden schweifen, die bis an die Berge heranzureichen schienen. Überall weideten Schafe, und die Junisonne tat ihr Bestes, um die Farben von Gras und Himmel leuchten zu lassen wie in einem Bilderbuch.
"Kein Wunder, dass du diesen Ort liebst."
Ihre Schwester zog eine kleine Grimasse. "Danke, dass du mich daran erinnerst. Ich glaube, das Einzige, was ich im Moment lieben könnte, wäre ein sehr starker Kaffee und eine große Tafel Schokolade. Aber lass das bloß nicht unsere Kunden hören."
"Entschuldige, ich bin ein Trampel." Sarah legte ihre Hand mitfühlend auf Carolines Arm. "Liz hat mir auf der Fahrt von dem Brand erzählt. Du musst eine schlimme Nacht hinter dir haben." Caroline nickte, und Sarah fiel die Blässe auf, die ihre vielen Sommersprossen unnatürlich stark hervortreten ließ.

Übung 3: Bringen Sie die folgenden Ereignisse in die richtige Reihenfolge.

a. ☐ Liz picks Sarah up.
b. ☐ Sarah talks about her job as a fashion photographer.
c. ☐ Liz talks about Victorian tourists and how they used mirrors instead of cameras.
d. ☐ Sarah arrives in the Lake District.
e. ☐ The barn burns down.
f. ☐ Sarah arrives at an isolated farm.

"Weißt du was? Du zeigst mir jetzt meine Ferienwohnung, wir genehmigen uns einen richtigen Koffein-und-Zucker-Schock, und dann erzählst du mir alles, in Ordnung?"
Caroline blickte sich unschlüssig um. Sie standen ein Stück von der schwelenden Ruine entfernt, die einmal der Heuschober von Helvellyn Farm gewesen war und ein ganzes Stück von den übrigen Gebäuden entfernt lag. Das war vermutlich großes Glück, denn sonst hätte das Feuer leicht auf die Hauptgebäude überspringen können.
"Ich weiß nicht recht. Vielleicht werde ich hier ..." Caroline brach ab und strich sich mit einer fahrigen Geste das Haar aus dem Gesicht, das im Gegensatz zu Sarahs heller Mähne kurz geschnitten war und einen warmen Kupferton hatte.
Sarah musterte ihre Schwester besorgt. "Seit wann bist du auf den Beinen?"
"Julia, unsere Praktikantin, hat den Brand gegen halb vier Uhr morgens bemerkt. Wir haben gehofft, noch einen Teil des Gebäudes retten zu können." Caroline zuckte resigniert die Schultern.
"Du brauchst mal eine Pause." Resolut fasste Sarah ihre Schwester am Arm. In diesem Moment ertönte eine Stimme hinter ihnen.
"Mrs Hebblethwaite? Have you got a moment?" Ein Feuerwehrmann tauchte zwischen den verkohlten Balken auf und kam auf sie zu.
Caroline löste sich aus dem Griff ihrer Schwester. "Sure. Did you find anything? What started the fire?"
Der Feuerwehrmann nahm den Helm ab und fuhr sich mit der Hand über das vorzeitig schütter werdende Haar. Seine Hand hinterließ eine Rußspur auf seiner Stirn. "**Apparently**

---

apparently [ə'pærəntlɪ] anscheinend

someone was smoking here. There are lots of **cigarette ends** on the floor. Do any smokers live here?"
Ein erstaunter Ausdruck hatte sich auf Carolines Gesicht breit gemacht. "No. I don't smoke and my husband and Liz don't smoke either." Caroline hielt einen Moment inne. "Only Thomas ..." Ein Schatten huschte über ihr sommersprossiges Gesicht, doch sie fing sich so rasch wieder, dass die kurze Regung jedem durchschnittlich aufmerksamen Beobachter entgangen wäre. Wer Thomas war und warum seine Erwähnung ihr Unbehagen verursachte, war aus Carolines Gesicht nicht abzulesen, doch ihr Ausdruck schien eine Spur strenger, als sie fortfuhr.

Übung 4: Fügen Sie die richtige Präposition ein.
(in (2x), out, about, around, at)

"Everyone **1.** __________ the family knows **2.** __________ farms. Nobody **3.** __________ here smokes **4.** __________ **barns**. **Anyway**, the fire started **5.** __________ 3.30."

"Mmm ... Did anyone sleep **6.** __________ here in the barn?"

"Some kind of **tramp**, you **mean**? I haven't seen anybody, but one of the neighbours saw someone **hanging around**."
Das Wort "Nachbarn" lies Sarah unwillkürlich grinsen. Das letzte Haus, das sie auf ihrer Fahrt herauf zur Farm gesehen hatte, war ein dunkelrot gestrichenes Holzhaus mehrere

---

cigarette end [ˌsɪgə'ret end] Zigarettenkippe **barn** [bɑːn] Scheune **anyway** ['enɪweɪ] wie auch immer **tramp** [træmp] Landstreicher **to mean (meant, meant)** [miːn / ment / ment] meinen **to hang (hung, hung) around** [ˌhæŋ / hʌŋ / hʌŋ ə'raʊnd] herumlungern

Meilen weiter unten an der holprigen Straße gewesen, die diesen Namen nur mit gutem Willen verdiente. Überflüssig zu erwähnen, dass es hier keinen Gegenverkehr gab, nur die endlosen grünen Weiden und dahinter die Gipfel von Helvellyn, Saddleback und Skiddaw. Liz Hebblethwaite hatte recht gehabt, Helvellyn Farm lag meilenweit von jeder anderen menschlichen Ansiedlung entfernt.
“You can talk to Liz. Perhaps she knows more about it. You’ll find her in the kitchen.”
“Kaffee und Schokolade?”, erkundigte Sarah sich hoffnungsvoll, als der Feuerwehrmann in Richtung Farmhaus davonstapfte. Doch ihre Schwester fixierte plötzlich die Höhenzüge, als sehe sie sie zum ersten Mal. “Schlechte Nachrichten?”, glaubte Sarah die Stimme ihrer Mitreisenden zu hören. Sie musste wieder an den Brief denken. Und sie spürte ein ungutes Gefühl in sich aufsteigen, als sie sich fragte, ob es hier wirklich nur um einen relativ glimpflich verlaufenen Scheunenbrand ging.
“Ist alles in Ordnung, Caro?”
Ihre Schwester zwang sich zu einem Lächeln. “Ich bin einfach müde. Tut mir leid, Kleine, aber unser Kaffee wird warten müssen. Ich bin gerade keine gute Gesellschaft. Julia zeigt dir dein Cottage, in Ordnung?” Im Gehen drehte sie sich noch einmal um. “Vielleicht kannst du ihr ja etwas beibringen.”
Sarah blickte ihrer Schwester verblüfft nach. Nicht schlimm, versuchte sie sich selbst zu beruhigen, sie würde erst mal auspacken und sich in Ruhe umsehen. Caroline stand unter Stress und war übermüdet. Sie musste sich gedulden, dann würden sie mehr Zeit füreinander finden und Caro würde alle ihre Fragen beantworten. Sarah schluckte. Hatte sie wirklich geglaubt, es würde vom ers-

ten Tag an wieder so sein wie früher, nur weil sie selbst es so haben wollte? Sie hatten sich in den letzten vier Jahren nur unregelmäßig gesehen. Sie hatte immer geglaubt, dass Caroline hier oben das Paradies auf Erden hatte. Nein, korrigierte sie sich selbst, sie hatte das glauben wollen. Sarah schreckte hoch, als jemand sie schüchtern am Arm berührte.

"Excuse me, are you Ms Kersten?" Das pummelige Mädchen in Arbeitskleidung nestelte verlegen an seinem Kopftuch und blickte auf irritierende Weise an Sarah vorbei, während sie sprach. Sarah schätzte sie allenfalls auf 17 oder 18 Jahre.

"Yes, I'm Sarah. And you are ...?"

"I'm Julia. I work on the farm. Caroline sent me here. Can I show you the cottage?"

Sarah zwang sich zu einem Lächeln, das Julia schüchtern erwiderte. Trotzdem blieb ihr Blick auf irgendeinen Gegenstand weit hinter Sarah gerichtet. Dann sagte sie mit größter Anstrengung: "Guten Tag. Wie geht es Ihnen? Mir geht es gut."

Nun verstand Sarah, was ihre Schwester mit ihrer letzten Bemerkung gemeint hatte. "You're learning German! Vielen Dank, mir geht es auch gut."

"**I'm afraid** my German is awful. I want to **go abroad** for a year. Perhaps with Caroline's help I can find an **internship** in Germany. But I should learn some more German first."

"That's a good idea." Sarah musste sich zusammenreißen,

I'm (was/were, been) afraid [ˌaɪm / wɒz/wɜː / biːn əˈfreɪd] leider
to go (went, gone) abroad [ˌgəʊ / ˌwent / ˌgɒn əˈbrɔːd] ins Ausland gehen **internship** [ˈɪntɜːnʃɪp] Praktikum

um ein ernstes Gesicht zu bewahren. "You can talk to me in German."
"Danke, das ist sehr freundlich. But it's such an awfully **complicated** language."
"So, we can walk over to the cottage and you can tell me something about the internship", schlug Sarah vor.
"Sure." Gehorsam setzte Julia sich in Bewegung, und Sarah folgte ihr um das Hauptgebäude herum, über einen großen Hof, der von alten Obstbäumen gesäumt war. "It's not **muddy**, so we can take the **path** through the **orchard** – it's much shorter", erkärte das Mädchen und dirigierte sie mitten durch einen alten Obstgarten.

Übung 5: Übersetzen Sie die folgenden Begriffe ins Englische.

1. Schwager ____________________
2. Bahnhof ____________________
3. Großmutter ____________________
4. Neuigkeit ____________________
5. Wanderstiefel ____________________
6. Landschaft ____________________
7. Ehemann ____________________
8. Scheune ____________________

"So what kind of job are you looking for in Germany?", erkundigte sich Sarah.

---

complicated ['kɒmplɪkeɪtɪd] kompliziert **muddy** ['mʌdɪ] matschig **path** [pɑ:θ] Weg **orchard** ['ɔ:tʃəd] Obstgarten

"I would like to work with animals."
"Do you help with the sheep, Julia?" Sarah dachte an die große Schafherde, die sie auf den Weiden rund um Helvellyn Farm gesehen hatte.
"Sheep are fine, but I'd **rather** help to **train** the dogs. Derek is a **champion breeder** and trainer." Julia errötete leicht.
"Are they a special breed?" Sarah erinnerte sich, dass ihre Schwester von der Hundezucht ihres Mannes gesprochen hatte.
"Oh yes, Derek breeds border collies. They are the best sheep dogs in the world. Derek won all the top prizes at the **sheep dog trials** last year. The next trials are next week, so you can come and watch them in action." Sarah nickte zerstreut. Durch die Bäume konnte sie jetzt zwei flache Steingebäude sehen. Als sie näher kamen, bemerkte sie, dass Fenster und Türen frisch gestrichen leuchteten.
"Here we are – this is your cottage. You are the first guest, Caroline has just finished **renovating** the place."
Julia stieß die Tür des einen Häuschens auf und Sarah gab einen erstaunten Ausruf von sich. "Look at this! That's **marvellous**!" Bewundernd ließ sie ihren Blick über die üppigen Vorhänge, Sesselüberzüge und gerüschten Kissen schweifen. "I just love those **flowery fabrics**! They are so romantic – very Laura Ashley. Did Caroline do all this by herself?"
Julia nickte. "Emma, her sister-in-law, helped with the **sewing**."

---

rather ['rɑːðə] lieber **to train** [treɪn] ausbilden **champion breeder** [ˌtʃæmpɪən 'briːdə] Meisterzüchter **sheep dog trial** ['ʃiːp dɒg ˌtraɪəl] Schäferhundprüfung **to renovate sth.** ['renəveɪt] etw. renovieren **marvellous** ['mɑːvləs] fantastisch **flowery fabric** [ˌflaʊərɪ 'fæbrɪk] Stoff mit Blumenmuster **to sew (sewed, sewn)** [səʊ / səʊd / səʊn] nähen

"That **patchwork quilt** is **absolutely beautiful**. The **needlework** is **exquisite**!"
"All that furniture was old stuff from the barn and the **attic**. Caroline and Emma painted and decorated everything."
"It's **charming**. The cottage is **quaint**. It looks just like a **dolls' house** with all that pink and cream."
Julia verzog das Gesicht. "That's what people expect in a farm holiday. The cottage next door is blue and white. A woman from Manchester is renting it. She wants to go walking in the **fells**. You'll probably meet her at dinner. Did Caroline mention the welcome dinner tonight?"
Obwohl Julia nun nicht mehr so befangen wirkte wie am Anfang ihres Gesprächs, fiel Sarah auf, dass sie sie nicht ein einziges Mal direkt angesehen hatte. Sie zögerte einen winzigen Augenblick, bevor sie antwortete. "Sure. But she was in a hurry, so we didn't talk about the exact time."
Es war eine unsinnige Lüge, und Sarah ärgerte sich über sich selbst, noch ehe sie den Satz beendet hatte, doch sie bemühte sich, Julia nichts von diesen widerstreitenden Gefühlen merken zu lassen.
"At six. Please tell your next-door neighbour too. Her name's Melissa, by the way. Melissa Stavely." Damit verschwand Julia, und erst als sie die Tür hinter sich geschlossen hatte, fiel Sarah auf, dass das Mädchen gerade eine lästige Aufgabe auf sie abgeschoben hatte. Blieb nur zu hoffen, dass diese Melissa nett war.

---

patchwork quilt ['pætʃwɜːk ˌkwɪlt] Patchworkdecke **absolutely beautiful** ['æbsəluːtlɪ ˌbjuːtəfl] wunderschön **needlework** ['niːdlwɜːk] Handarbeit **exquisite** [ɪk'skwɪzɪt] hervorragend **attic** ['ætɪk] Dachboden **charming** ['tʃɑːmɪŋ] entzückend **quaint** [kweɪnt] malerisch **dolls' house** ['dɒlz haʊs] Puppenstube **fell** [fel] Berg

Übung 6: Auf wen oder was beziehen sich die folgenden Beschreibungen? Setzen Sie den gesuchten Begriff oder Namen ein.

1. Its needlework is absolutely beautiful.

____

2. He breeds Border Collies.

____

3. It is full of beautiful fruit trees.

____

4. Caroline and Emma painted and decorated it.

____

5. She's looking for an internship in Germany.

____

6. He has won top prizes at the sheep dog trials.

____

Sarahs Klopfen an der Tür des Nachbar-Cottages erwies sich jedoch als vergeblich.
Die Vorhänge waren zugezogen und niemand rührte sich dahinter. Nach mehreren fruchtlosen Versuchen gab sie schließlich schulterzuckend auf und heftete eine kurze Notiz an die Tür.

Schon von draußen waren laute Stimmen zu hören, die durcheinander redeten. Die Tür zum Farmhaus war nur angelehnt. Im Flur war es nach der sommerlichen Wärme

draußen angenehm kühl und dämmerig. Ein leichter Geruch nach Holz und Wachs hing in der Luft.
"Caroline?", rief Sarah fragend.
"In the kitchen. Through the door and straight on."
Sarah zuckte zusammen. Sie hatte sich allein im Flur geglaubt, doch jetzt sah sie, dass ein hagerer, hochgewachsener Mann aus dem Dämmerlicht trat. Wie viele sehr große Menschen ging er leicht gebückt, doch Sarah wusste von ihrer Schwester, dass diese Angewohnheit bei Derek Hebblethwaite nicht mit seiner Körpergröße zusammenhing, sondern mit dem schweren Reitunfall, der ihn vor rund zwei Jahren gezwungen hatte, seine aktive Karriere als Militaryreiter an den Nagel zu hängen.
"Derek, is that you? You **scared** me **to death**! What are you doing here?"
Ihr Schwager musterte sie mit undurchdringlicher Miene. "Me? I live here. But what about you? You are standing here in the dark all alone."
Sarah fühlte, wie ihr das Blut in die Wangen schoss. "Sorry, the door was open, so I called for Caroline and ..." Sie brach ab, als Derek leise zu lachen begann. Überrascht bemerkte sie, welche Veränderung dabei in seinem Gesicht vor sich ging. Wenn Derek Hebblethwaite lachte, war er ein attraktiver Mann. "You'**re making fun of** me!", sagte sie gespielt vorwurfsvoll.
"Sorry, I **was** just **joking**, Sister-in-law. So, you made it up here at last. Are you enjoying your stay here?"
"Yes, I am. Up to now, at least. Are you having dinner with us tonight?", erkundigte sich Sarah, als Derek seine langen

---

to scare sb. to death [ˌskeə / tə 'deθ] jdn. zu Tode erschrecken
to make fun of sb. [ˌmeɪk 'fʌn əv] sich über jdn. lustig machen
to joke [dʒəʊk] Spaß machen

Arme in eine Strickjacke mit auffälligem Schottenmuster zwängte.
"No, one of the dogs is ill."
"You've got a lot of trouble here at the moment."
"Tell me about it." Der Ton in Dereks Stimme ließ Sarah aufhorchen.
"Caro will tell me more later."
"Maybe. But it's just **everyday life** on a farm, you know. See you later!"
Sarah sah ihm nach, während er über den Hof eilte. Sie wurde einfach nicht schlau aus diesem Mann. Im einen Moment todernst, hatte er im nächsten Augenblick einen lockeren Spruch auf den Lippen, und sie wurde den Eindruck nicht los, nichts vom wahren Derek gesehen zu haben. Mit einem Kopfschütteln machte sie sich auf die Suche nach ihrer Schwester.
Falls Sarah gehofft hatte, ein paar private Worte mit Caroline wechseln zu können, wurde diese Hoffnung spätestens beim Betreten der überfüllten Wohnküche zunichte gemacht. Neben der Familie waren offenbar auch einige der Feuerwehrleute, die bei den Aufräumarbeiten geholfen hatten, zum Abendessen geblieben.
Carolines erhitztes Gesicht tauchte hinter ein paar Töpfen und Pfannen auf, wo sie mit Liz Hebblethwaite und einer jüngeren Frau mit ernstem Gesicht und großer Brille das Essen zubereitete.
"Hallo Sarah! Such dir einfach einen Platz, ja? Can someone find a seat for Sarah, please?", rief Caroline in den Raum.
"Can I help you with anything?", protestierte Sarah, die sich plötzlich sehr nutzlos vorkam.

---

everyday life [evrɪˈdeɪ laɪf] Alltag

"No, just sit down, okay? In fact, Liz is doing all the work and Emma and me are just helping. Have you already met my sister-in-law Emma?"
Emma rückte Sarah einen freien Stuhl zwischen einer Frau mit langem, dunklem Haar und einem der Feuerwehrleute zurecht. "Come over here, Sarah." Ihr Lächeln war so herzlich, dass es die unvorteilhafte Brille vergessen ließ.
"Are you here for the **fell walking** too?", erkundigte sich Sarahs Tischnachbar. "We were just talking about walking in the fells. Melissa was asking for a good route up Helvellyn. Take the path up to Browncove Crags passing Lower Man to the left and it should be about seven miles to the **summit**. That's one of the shorter routes. There's a **shelter** at the top, so you can take your lunch with you. The **eastern approach** via Striding Edge is much more dramatic, but it isn't **suitable** for **inexperienced** walkers."

Übung 7: Vervollständigen Sie die Sätze, indem Sie die richtige Zeitform des Verbs einfügen.

1. Sarah *(to be)* ________ a photographer.
2. ________ you already *(to meet)* ________ my sister-in-law?
3. Sorry, I *(to joke)* ________.
4. ________ you ________ *(to help)* with the sheep, Julia?

---

fell walking ['fel ˌwɔːkɪŋ] Wandern in den Fells **summit** ['sʌmɪt] Gipfel **shelter** ['ʃeltə] Schutzhütte **eastern** ['iːstən] östlich **approach** [ə'prəʊtʃ] *hier:* Wanderroute **suitable** ['suːtəbl] geeignet **inexperienced** [ˌɪnɪk'spɪərɪənst] unerfahren

5. Derek *(to breed)* ________ Border Collies.

6. ________ you *(to have)* ________ dinner with us tonight as you planned?

Die Frau mit dem dunklen Haar hob ein wenig spöttisch die Augenbrauen, und Sarah kam nicht umhin zu bemerken, dass es ein interessantes Gesicht war, nicht hübsch im landläufigen Sinne, aber ausdrucksstark. "I'm here for a bit of **adventure** and I am not inexperienced." Sie schenkte Sarah ein Raubtierlächeln. "So you are my new neighbour. Thanks for your note. Why don't you come with me tomorrow? We could show those **wimps** a thing or two about modern women."
Ehe Sarah etwas erwidern konnte, mischte sich nun Liz Hebblethwaite ein. "Taking one of the easier routes for starters has nothing to do with being a **coward**, Melissa. Have you been here before, or is this your first time?"
"No, I have never been to this part of the Lake District before."
Liz schien noch etwas sagen zu wollen, schüttelte dann aber den Kopf.
Melissa wandte sich unbekümmert an Sarah. "So what do you think? Shall we have a look at that dramatic view tomorrow?"
Sarah hob abwehrend die Hände. "I**'ve** never **climbed** a mountain in my life! Call me a coward, but I'll start with a really easy route. I don't want to **endanger** my photo equipment."

---

adventure [əd'ventʃə] Abenteuer **wimp** [wɪmp] Weichei **coward** ['kaʊəd] Feigling **to climb sth.** [klaɪm] etw. hinaufklettern **to endanger sth.** [ɪn'deɪndʒə] etw. gefährden

"Only fools climb Striding Edge without proper **preparation**." Alle Köpfe wandten sich erstaunt um und alle anderen Gespräche verstummten. Der untersetzte Mann in Arbeitskleidung am anderen Ende des Tisches, der sich so unmissverständlich geäußert hatte, widmete sich bereits wieder seinem Teller und bot dabei einen prächtigen Blick auf eine für sein Alter schon recht ausgeprägte Halbglatze.
Melissa zog die Augenbrauen noch ein Stück höher und ihre Augen blitzen kampfeslustig. "So you are calling me a fool, are you?"
"Enough people **go missing** in those fells because they don't know the difference between a **challenge** and **stupidity**. Be **sensible**. Don't act like an idiot."
"Thomas!" Liz warf dem Mann mit der Halbglatze einen scharfen Blick zu. "Perhaps my grandson is **rude** sometimes, but he's right. Striding Edge is really **dangerous** in bad weather – it's a very **exposed ridge** and a fall from there could be fatal. So be careful, okay?"
Melissa lachte und goss sich noch einmal von dem Wein ein. "No **risk**, no fun ..."

"So that **killjoy** is your brother-in-law, huh?" Melissa hatte sie kurz vor dem Obstgarten eingeholt.
"Not exactly. He's my brother-in-law's brother. To be honest I met him today for the first time."

---

preparation [ˌprepəˈreɪʃn] Vorbereitung **to go missing** [ˌɡəʊ ˈmɪsɪŋ] verloren gehen **challenge** [ˈtʃælɪndʒ] Herausforderung **stupidity** [stjuːˈpɪdətɪ] Dummheit **sensible** [ˈsensɪbl] vernünftig **rude** [ruːd] ungehobelt **dangerous** [ˈdeɪndʒərəs] gefährlich **exposed** [ɪkˈspəʊzd] ungeschützt **ridge** [rɪdʒ] Grat **risk** [rɪsk] Risiko **killjoy** [ˈkɪldʒɔɪ] Spielverderber

"That's no great **loss**, I **suppose**."

"He's certainly no diplomat, but he's had a hard time **recently**. Liz told me that he's just lost his **own** farm. That's why he and his wife are staying here for a while. His wife Emma **seems** nice enough and is a great help on the farm."

"He's still an idiot, **though**", beharrte Melissa. Ihre Stimme klang ein wenig undeutlich, als hätte sie einige Gläser Wein zu viel getrunken, und Sarah hatte Mühe, sie richtig zu verstehen. Insgeheim war sie gern bereit, sich Melissas Meinung über Dereks Bruder anzuschließen, dessen unhöfliche Art ihr instinktiv zuwider war und mit dem offenbar auch ihre Schwester ein Problem hatte. Thomas sei der einzige Raucher auf der Farm, hatte Caroline angedeutet, und Sarah war ihr kurzes Zögern aufgefallen, bevor sie beteuert hatte, niemand aus der Familie würde in einer Scheune rauchen. Doch das ging Melissa nichts an.

"You gave him a hard time."

"Men like him need that from time to time. But he's not **worth the effort**. He's not my type." Sie gingen ein Stück schweigend nebeneinander her, jede in ihre eigenen Gedanken versunken. Der Geruch von Obstblüten und frisch gemähtem Gras hing in der Luft und Sarah atmete tief durch.

"You're sure you don't want to come with me tomorrow? Helvellyn is one of the most spectacular **peaks** around here. A super photo **opportunity**! Have you come here to take pictures?", erkundigte sich Melissa nach einer Weile.

---

loss [lɒs] Verlust **to suppose** [sə'pəʊz] vermuten **recently** ['riːsntlɪ] in letzter Zeit **own** [əʊn] eigene **to seem** [siːm] scheinen **though** [ðəʊ] aber **worth the effort** [ˌwɜːθ ðɪ 'efət] der Mühe wert **peak** [piːk] Gipfel **opportunity** [ˌɒpə'tjuːnətɪ] Gelegenheit

Sarah zögerte. "Sounds **tempting**, but – no, not tomorrow. You see, I have come here to see my sister and to spend some time with her."
Sie konnte Melissas Gesicht im Dunkeln nicht sehen, doch zu ihrer Erleichterung klang die andere nicht gekränkt. Nur eine Spur Melancholie schien in ihrer Stimme mitzuschwingen. "We never spend enough time with the people we love. And at some point it is too late. But you're welcome to come with me another day."
"I would love to", stimmte Sarah zu. "How long are you staying for?"
"That depends."
"On your **employer**?" Sarah nickte mitfühlend, doch zu ihrer Überraschung lachte Melissa.
"No. I'm sort of **self-employed**." Sie kicherte.
Welchen Witz, dachte Sarah, hatte sie nicht mitbekommen? Ihr Englisch war so gut wie fließend, trotzdem entging ihr gelegentlich eine Pointe.
"Let's just say it depends on **various circumstances**. And of course my babies will miss me."
"You have kids?", fragte Sarah ehrlich überrascht. "Melissa, you don't look like the family-type."
Melissa wollte sich vor Heiterkeit geradezu ausschütten. Sie schwankte wie ein Schiff im schweren Sturm.
Sie hat zu viel Wein getrunken, dachte Sarah.
"Of course not. My 'babies' have four legs and **jump** over fences."

---

tempting ['temptɪŋ] verlockend **employer** [ɪm'plɔɪə] Arbeitgeber **self-employed** [ˌselfɪm'plɔɪd] selbstständig **various** ['veərɪəs] verschieden **circumstance** ['sɜːkəmstəns] Umstand **to jump** [dʒʌmp] springen

Am Ende des Obstgartens zeichnete sich jetzt vor ihnen im Halbdunkel die geduckte Silhouette der beiden Farm-Cottages ab.
Sarah zögerte. “Are you really going to take that dangerous route tomorrow?”
“Hell no, I’m not crazy. I was just having a bit of fun.” Sie winkte Sarah mit der übertriebenen Gestik einer Betrunkenen zu. “Time to say goodnight, my new-found friend. You’re a good one, you know? Not a **hypocrite** like the others.”

Übung 8: Ordnen Sie die passenden Begriffe einander zu. Tragen Sie den richtigen Buchstaben ein.

1. dangerous	☐	**a.** equipment
2. Lake	☐	**b.** peak
3. photo	☐	**c.** friend
4. exposed	☐	**d.** District
5. spectacular	☐	**e.** ridge
6. new-found	☐	**f.** route

“Hey, you should really go to bed now”, empfahl Sarah. **Otherwise** you’ll say something really **embarrassing.**” Something that you **will regret** tomorrow, setzte sie in Gedanken hinzu.
Sie winkte noch einmal und begann in ihrer Tasche nach dem Haustürschlüssel zu suchen.

Die Stimmen waren laut und ärgerlich und sie schienen wie ein umherirrendes Echo mal von rechts und mal von links zu kommen, ohne dass Sarah sie genau lokalisieren konnte.

---

hypocrite [ˈhɪpəkrɪt] Heuchler **otherwise** [ˈʌðəwaɪz] sonst **embarrassing** [ɪmˈbærəsɪŋ] peinlich **to regret sth.** [rɪˈgret] etw. bedauern

Fröstelnd zog sie ihre Strickjacke enger um die Schultern. Noch aufgekratzt von den vielfältigen Eindrücken des Tages, hatte sie es sich romantisch vorgestellt, allein hinaus in die laue Sommernacht zu gehen. Was für eine Schnapsidee, im Dunkeln auf einem fremden Hof herumzuirren, dachte sie jetzt ärgerlich, während sie versuchte, den Weg zurück zum Cottage zu finden.

"So what's this all about?" Mühsam verhaltener Zorn klang in der Männerstimme mit. Sarah konnte die Antwort nicht verstehen, doch die zweite Stimme gehörte unzweifelhaft einer Frau. Der Gedanke, hinter dem nächsten Baum unvermittelt dem streitenden Paar, vielleicht Emma und ihrem unsympathischen Mann oder Julia und einem unbekannten Liebhaber, gegenüberzustehen und für eine Lauscherin gehalten zu werden, ließ sie ihre Schritte verlangsamen. Vielleicht, dachte sie, gehörten die Stimmen sogar Derek und Caroline? Die Entfernung und das leichte Rauschen des Windes wehte nur Gesprächsfetzen zu ihr herüber.

"You've got to listen to me", hörte sie jetzt die Frauenstimme, die mit einem Mal sehr nah klang. Peinlich berührt blieb Sarah stehen.

"Just be quiet, will you? You'**ll wake** the **whole** farm!" Von der Antwort drangen nur einzelne Worte zu Sarah hinüber, doch sie konnte den hysterischen Ton in der Stimme der Frau deutlich hören. "... or I'**ll scream** ..."

"What do you want? Money? I don't have any!"

Sarah fühlte sich in ihrer Rolle als ungebetene Zuhörerin mit jeder Sekunde mehr unwohl. War das noch ein Streit zwischen einem verliebten Pärchen?

---

to wake (woke, woken) sb. [weɪk / wəʊk / 'wəʊkən] jdn. wecken
whole [həʊl] ganz **to scream** [skriːm] schreien

"This is **insane** ... just go, will you?" Es folgte eine kleine Pause, dann schrie die Frau plötzlich auf. "**Don't you dare**!"
Sarah räusperte sich. "Hello, anybody out there?", rief sie entschlossen in die Dunkelheit.
Nur das leise Rauschen der Obstbäume antwortete ihr. In der Ferne blökten Schafe. Dann vernahm sie das Geräusch von scharrenden Füßen; irgendwo knackte ein Zweig. Nur wenige Meter vor Sarah trat ein großer Mann zwischen den Bäumen hervor. Das Gesicht hatte er abgewandt, doch Sarah erkannte sofort die Jacke, die er trug – eine Strickjacke mit auffälligem rotem Schottenmuster. Sie wagte nicht zu atmen und stand ganz still, doch ihre Vorsicht wäre nicht nötig gewesen, denn Derek verließ den Obstgarten, ohne sich noch einmal umzublicken. Unfähig sich zu rühren, wartete Sarah. Schließlich trat auch die Frau zwischen den Bäumen hervor, doch sie blieb ein schlanker, dunkler Schemen ohne Gesicht.

---

insane [ɪnˈseɪn] verrückt **Don't you dare!** [ˈdəʊnt jʊ ˈdeə] Untersteh dich!

Three

Der nächste Tag sollte Sarah als der Tag in Erinnerung bleiben, an dem Melissa Stavely verschwand. Was immer später geschah, es war dieser Tag, der eine Kettenreaktion ungeahnten Ausmaßes in Bewegung setzte. Am frühen Mittag jedoch, als Sarah in die helle, gemütliche Küche des Farmhauses kam, lag eine sommerliche Leichtigkeit in der Luft, die nicht die kleinste böse Vorahnung erlaubte. Die Gespenster der Nacht lösten sich darin auf wie dünner Nebel.
"Good morning", begrüßte Caroline sie gut gelaunt, "you're still a late **riser**."
"And you've got your good **temper** back", scherzte Sarah. "Did I just hear you singing outside?" Sie umarmte ihre Schwester. "I was really worried about you yesterday. I'm afraid I **made a mountain out of a molehill**. I thought you were in serious trouble."
"There's always serious trouble on a farm", lächelte Caroline. "And you're right, I was awfully bad **company** yesterday. I don't want to be rude. Ich hatte mir doch vorgenommen, so oft wie möglich Deutsch mit dir zu sprechen. Weißt du, dass ich schon Ganzmehlbrot statt Vollkornbrot sage? I need to **practise** my German – I even dream in English **nowadays**."
"That's no problem for me. In my job I speak English all the time."

---

late riser [ˌleɪt ˈraɪzə] Langschläferin **temper** [ˈtempə] Laune
to make (made, made) a mountain out of a molehill [ˌmeɪk / ˌmeɪd / ˌmeɪd ə ˈmaʊntɪn aʊt əv ə ˈməʊlhɪl] aus einer Mücke einen Elefanten machen **company** [ˈkʌmpənɪ] Gesellschaft **to practise** [ˈpræktɪs] üben **nowadays** [ˈnaʊədeɪz] heute

"What about some **scrambled eggs** and coffee? Are you still a coffee junkie? Afterwards I could show you around and **bring you up to speed** with everything. Do you like sheep?" "Wenn sie gut durchgebraten sind", sagte Sarah. Sie blickten sich an und prusteten dann gleichzeitig los.

Übung 9: Setzen Sie die fehlenden Begriffe ein, indem Sie die Buchstaben in die richtige Reihenfolge bringen.

1. Two people were having an **argument** in the *(dorhacr)* ________________.
2. Somebody burnt down the *(narb)* ________________.
3. Melissa thinks Thomas is a *(yojlikl)* ________________.
4. Striding Edge is a *(godesnuar)* ________________ ridge for inexperienced fell walkers.
5. There's a *(theresl)* ________________ on the summit of Helvellyn.
6. English people love to eat *(mardbsecl)* ________________ eggs for breakfast.

"These are Herdwicks", erläuterte Caroline später. Sarah fühlte sich zwischen den zotteligen Schafen mit den schwarzen Lämmern und einem Respekt einflößenden Schafsbock mit mächtigen, gebogenen Hörnern befangen.

---

scrambled eggs [ˌskræmbld ˈegz] Rührei **to bring sb. up to speed** [ˌbrɪŋ / ˌʌp tə ˈspiːd] jdn. auf den neuesten Stand bringen **argument** [ˈɑːgjʊmənt] Streit

"Some people call them the Lake District's **gardeners**. This breed is **amazing**. For example, they don't need any fences because they always return to their own territory. That's important because so many of them **graze** on the fells in completely **inaccessible** regions. They are extremely **hardy** too." Liebevoll kraulte Caroline einem neugierigen Lamm den Kopf und kontrollierte wie nebenbei Klauen und Beine. Sie schien hier draußen völlig in ihrem Element zu sein.

"You let them graze on the fells?", erkundigte sich Sarah.

"Sure, and that's great for us because the fells are **public ground**. We have a lot of sheep but not nearly enough land for all of them. This way we don't have to buy new **pastures**. It's an old **custom** around here and the sheep are good for the plant life on the fells. They keep the grass short and that is good for the **root system**."

Sarah wich einem Schaf aus, das neugierig näher gekommen war, um an ihr zu schnuppern, und ließ ihren Blick dann über die sanften grünen Hügel schweifen, die gelegentlich von flachen Natursteinmauern durchschnitten wurden. "So where are your horses?"

Caroline zögerte. "There are no horses."

"Sorry? But what about Derek?"

Caroline seufzte und wechselte unvermittelt wieder ins Deutsche. "Habe ich es dir nicht erzählt? Wir haben alle eigenen Pferde nach Dereks Unfall verkauft. Einige gehör-

---

gardener ['gɑːdnə] Gärtner **amazing** [ə'meɪzɪŋ] erstaunlich **to graze** [greɪz] grasen **inaccessible** [ɪnək'sesəbl] unzugänglich **hardy** ['hɑːdɪ] robust **public ground** [ˌpʌblɪk 'graʊnd] öffentliches Gelände **pasture** ['pɑːstʃə] Weideland **custom** ['kʌstəm] Sitte **root system** ['ruːt ˌsɪstəm] Wurzelwerk ten uns ohnehin nicht, sondern waren Derek von Sponsoren zur Verfügung gestellt worden. Aus dem Verkaufserlös haben wir die Farm renoviert und ein paar neue Maschinen gekauft. Die Farm war in einem völlig veralteten Zustand. Derek hatte nie wirklich geplant, sich auf die Landwirtschaft zu konzentrieren, doch der Unfall hat alle unsere Pläne über den Haufen geworfen. Ich hätte gerne zumindest ein paar kräftige Ponys für die Feldarbeit angeschafft. Wir betreiben biologisch-dynamische Landwirtschaft und hätten mit den Ponys einen Teil der Feldarbeit an schwer zugänglichen Stellen erledigen können. Außerdem wäre es eine zusätzliche Touristenattraktion gewesen. Aber Derek war nicht dazu zu bewegen." Sie blickte über die Schafherde hinweg und Sarah konnte den Ausdruck von Trauer in ihren Augen sehen. "Ich glaube, er kann bis heute den Anblick von Pferden kaum ertragen. Ich hätte damals allem, was halbwegs vernünftig klang, zugestimmt, um es ihm nicht noch schwerer zu machen."

"Besteht denn keine Chance, dass er jemals wieder reiten kann?", erkundigte sich Sarah.

Ihre Schwester schüttelt den Kopf. "Die Ärzte raten ihm ab. Wir hatten großes Glück, dass Derek heute nicht im Rollstuhl sitzt. Das Schicksal ist noch einmal gnädig mit uns gewesen und wir werden es nicht herausfordern. Es ist schon fast ein Wunder, dass Derek inzwischen so viel auf der Farm selbst erledigen kann." Sie blickte über die Weiden, als sei sie tief in Gedanken versunken. Ihre Stimme war leiser geworden. "Er hatte anfangs schwere Depressionen, und ich war glücklich, als er seine Leidenschaft für die Border Collies entdeckte. Er hat wirklich ein außergewöhnliches Talent beim Trainieren von Tieren."

“Und du willst mir erzählen, ihr hättet keine ernsthaften Probleme.”
“Oh, das ist Schnee von gestern.” Mit einem Lächeln verscheuchte Caroline die schmerzhaften Erinnerungen. “Derek hat seine Launen, dann verschwindet er manchmal stundenlang zu den Hunden, so wie gestern Abend. Auf Fremde wirkt das sicher unhöflich, aber immer wenn ich zu ungeduldig mit ihm werde, erinnere ich mich selbst daran, wie dankbar ich sein darf, dass er noch bei mir ist.”
Sarah drückte impulsiv den Arm ihrer Schwester. Plötzlich war sie froh, dass sie Caroline nichts von ihrer nächtlichen Beobachtung erzählt hatte. Im hellen Tageslicht war sie sich plötzlich gar nicht mehr sicher, was sie im Obstgarten wirklich gesehen oder gehört hatte. Mit welchen Dämonen der Vergangenheit Derek auch immer kämpfen mochte, es ging sie nichts an, und es würde nichts dabei herauskommen, wenn sie darin herumstocherte.
“War es das, was du dir von der Seele reden wolltest? Deine Andeutungen und der Brief haben mich schon ein bisschen erschreckt.”
“Ach, irgendwie musste ich dich doch herlocken, oder?” Caroline lachte und zeigte in Richtung Farm. “Look, there’s Emma over there. I **bet** she wants to begin **shearing** the **sheep** today. Would you like to watch?”
Sarah warf ihrer Schwester einen forschenden Blick zu. Dieser Themenwechsel ging ihr viel zu rasch. Sie war sich beinahe sicher, dass Caroline ihr nur die halbe Wahrheit erzählt hatte, aber die winkte bereits ihre Schwägerin zu ihnen herüber.

---

to bet (bet, bet) [bet / bet / bet] wetten **to shear (sheared, shorn) sheep** [ʃɪə / ʃɪəd / ʃɔːn ˈʃiːp] Schafe scheren

“Emma is really **enthusiastic** about the sheep. Last year we needed some professional **sheep shearers**, but with Emma and Thomas here we’ll do it ourselves this year.” Sie schnitt eine komische Grimasse. “It will be quite an adventure.”
“Do you sell the wool?”, erkundigte sich Sarah.
Caroline seufzte. “The Lake District was famous for its **wool industry** for almost 600 years. The centre was Kendal with its motto ‘Wool is my bread’, and even Shakespeare talked about the famous Kendal Green Cloth in one of his plays. But I’m afraid those times are long gone. Sheep wool has no great **commercial value** these days. But Emma has some very interesting plans for our sheep and their wool.”
“The wool from Derek’s and Caroline’s sheep is 100 percent **organic** and has a **rare** quality, wonderful for **spinning** fine wool for **blankets** and for **weaving carpets**. They say you can’t **dye** Herdwick wool, but I have! I did some dying experiments and have come up with some wonderful colours: a **mossy green** and a **heathery purple**. The colours remind me of the landscape around Helvellyn. And the wool’s just perfect for **knitting**.” Emmas blasses Gesicht hatte vor Begeisterung zu glühen begonnen, es war ganz offensichtlich, dass sie über ihr Lieblingsthema sprach.

---

enthusiastic [ɪnˌθjuːzɪˈæstɪk] begeistert **sheep shearer** [ˈʃiːp ˌʃɪərə] Schafscherer **wool industry** [ˈwʊl ˌɪndəstrɪ] Wollindustrie **commercial value** [kəˌmɜːʃl ˈvæljuː] Handelswert **organic** [ɔːˈgænɪk] bio **rare** [reə] selten **to spin (spun, spun)** [spɪn / spʌn / spʌn] spinnen **blanket** [ˈblæŋkɪt] Decke **to weave (wove, woven)** [wiːv / wəʊv / ˈwəʊvn] weben **carpet** [ˈkɑːpɪt] Teppich **to dye sth.** [daɪ] etw. färben **mossy green** [ˌmɒsɪ ˈgriːn] moosgrün **heathery purple** [ˌheðərɪ ˈpɜːpl] heidekrautviolett **to knit** [nɪt] stricken

"Emma thinks we should open a wool shop."
"There's a small **unused** barn on the farm that is just perfect for a shop and I could offer some spinning and weaving courses for tourists. Of course, we won't just sell wool but other **products related to sheep** as well. It will be no extra work for you or Derek, I can do it on my own", beteuerte Emma.
Caroline lachte.

Übung 10: Vervollständigen Sie die Begriffe aus dem "Murder in the Night"-ABC. Die Zahl der Buchstaben ist vorgegeben.

1. A stands for _ _ _ _ _ _ _ _ _ – Derek had a serious one a few years ago and now he can't ride any more.
2. B stands for dog _ _ _ _ _ – the Border Collie is a special one of these.
3. C stands for Border _ _ _ _ _ _ – this is a kind of dog.
4. D stands for _ _ _ _ _ _ _ _ _ – Thomas is not one of these. He is rude and aggressive.
5. E stands for _ _ _ _ – the English like these scrambled.
6. F stands for _ _ _ _ _ – this is another word for mountains.
7. G stands for _ _ _ _ _ – the sheep do this on the mountains. They eat the grass.

---

unused [ʌnˈjuːzd] *hier:* leer stehend **products related to sheep** [ˈprɒdʌkts rɪˌleɪtɪd tə ˈʃiːp] Schafprodukte

8. H stands for _ _ _ _ _ – this describes the Herdwick sheep. They don't have much to eat and the weather in the Lake District is sometimes wet and cold.

"Emma lässt mir schon seit Wochen keine Ruhe mit dieser Idee und sie ist so eine große Hilfe auf der Farm, dass ich irgendwann gar nicht mehr anders können werde als zuzustimmen."
Emma schien den Sinn des Satzes zu verstehen, denn sie strahlte über das ganze Gesicht. "Helping you and Derek is **the least** we can do, as long as we **are accepting** your **hospitality**."
"Did you lose your own farm?", erkundigte sich Sarah teilnahmsvoll. "Did it **burn down** in a fire too?"
"Emma and Thomas had some real bad luck there", mischte sich Caroline rasch ein.
"Thanks, Caroline, I'm so **grateful** for your hospitality, but there's no need to **protect** me", entgegnete Emma. Ein entschlossener Zug lag um ihren Mund, als sie Sarah anblickte. "We had to sell the farm because of my husband Thomas. He's an **alcoholic** and a **gambler** and he recently lost a **huge amount of money**." Emma stockte. "But he's a good farmer and he is not a bad husband."
Caroline schien etwas erwidern zu wollen, doch sie schwieg.

---

the least [ðə 'li:st] das Mindeste **to accept sth.** [ək'sept] etw. annehmen **hospitality** [ˌhɒspɪ'tæləti] Gastfreundschaft **to burn down** [ˌbɜ:n 'daʊn] abbrennen **grateful** ['greɪtfl] dankbar **to protect sb.** [prə'tekt] jdn. beschützen **alcoholic** [ˌælkə'hɒlɪk] Alkoholiker **gambler** ['gæmblə] Spieler **huge** [hju:dʒ] riesig **amount of money** [əˌmaʊnt əv 'mʌnɪ] Geldbetrag

Offenbar wollte sie Emma nicht verletzen.
"Ich bewundere Emma wirklich, dass sie es mit diesem Mistkerl aushält", vertraute sie Sarah später auf dem Rückweg zum Farmhaus an. "Er mag ein guter Farmer sein, aber wenn er betrunken ist, ist er zu allem fähig. Ich habe keine Beweise, aber ich bin mir ziemlich sicher, dass er Emma schon mehr als einmal geschlagen hat."
"War er vorgestern Nacht, als das Feuer ausgebrochen ist, betrunken?", erkundigte sich Sarah.
"Das habe ich mich auch schon gefragt. Aber Emma schwört, dass er die ganze Nacht in seinem Bett lag."
Sarah war noch nicht zufrieden. "Denkst du, es steckt mehr hinter diesem Feuer als ein Landstreicher, der versehentlich ein bisschen gezündelt hat? Könnte es jemand auf euch abgesehen haben?"
Caroline runzelte die Stirn. "Ich hoffe nicht. Diese Art Ärger können wir ganz bestimmt nicht brauchen."
Sie stieß die Haustür mit Schwung auf. "Liz, are you there? Has Melissa already returned from her walk?"
"I'm over here in the bedroom." Liz' Stimme klang gedämpft durch die alte Holztür. Sarah hörte, wie eine Schublade zugeschlagen wurde. "Sorry dear, I was looking for that old **locket** of Aunt Sue's. You haven't seen it **by** any **chance**?"
"No, sorry, I haven't seen it **for ages**." Caroline musterte die alte Dame amüsiert. Ihre gestern so perfekt frisierten weißen Haare standen wie Igelstacheln von ihrem Kopf ab.
"God, Liz, where were you looking for it? Behind the **cupboard**?"

---

locket ['lɒkɪt] Medaillon **by chance** [ˌbaɪ 'tʃɑːns] zufällig **for ages** [fər 'eɪdʒɪz] seit Ewigkeiten **cupboard** ['kʌbəd] Schrank

"Exactly, dear. Maybe it **slipped** down there. But it's very **mysterious**. I put it in my **drawer**. Oh dear, my **memory** is getting worse. I'm getting old."
"You? Never!" Ein liebevoller Blick lag in Carolines Augen. "Is Melissa already back?"
"Why? It's not that late. Especially for Miss Adventure."
"No, but I think it's going to rain."
"But the weather has been **splendid** all day", wandte Sarah erstaunt ein.

Übung 11: Unterstreichen Sie die richtige Zeitform.

1. Emma and Thomas *(are going to lose/have lost)* their farm.
2. Emma *(has opened/is going to open)* a wool shop.
3. Shakespeare *(has mentioned/mentioned)* the famous Kendal Green Cloth in one of his plays.
4. Victorian tourists *(will bring/brought)* framed mirrors to the Lake District.
5. Liz *(was looking/looks)* for an old locket behind a cupboard.
6. Liz *(will put/put)* the locket in the drawer.

"Das Wetter kann sich hier manchmal sehr rasch ändern", erklärte Caroline. "Es kommt sogar vor, dass auf einer Seite des Gebirges die Sonne scheint, während es auf der anderen regnet. Außerdem hängt hier in der Gegend die Wolkendecke oft so tief, dass man auf den höher gelegenen Wegen kaum etwas sehen oder hören kann. Das ist

---

to slip [slɪp] rutschen **mysterious** [mɪ'stɪərɪəs] rätselhaft **drawer** [drɔː] Schublade **memory** ['meməri] Gedächtnis **splendid** ['splendɪd] herrlich ziemlich gespenstisch, wenn man es zum ersten Mal erlebt, und man kann sich leicht verirren. Die meisten Wanderer sind vernünftig und gut ausgerüstet, aber Melissa Stavely scheint der Ansicht zu sein, sie müsse sich oder irgendjemandem etwas beweisen."

Sie spähte durch das Fenster. "Ich würde mich jedenfalls besser fühlen, wenn sie wieder hier wäre, bevor es da draußen richtig losgeht."

Four

Wolken zogen auf, doch das trockene Wetter hielt sich bis in den späten Nachmittag hinein.
"Still working? You're on holiday, my dear. You should **relax** a bit. In fact, I haven't seen you without those cameras for more than ten seconds." Liz Hebblethwaite hatte von der Arbeit im Garten schmutzverschmierte Hände und ihre bloßen Unterarme waren zerkratzt. Ihre Haare waren unter einem geblümten Kopftuch verschwunden und nichts erinnerte mehr an den schicken Queen-Mum-Look vom Vortag.
Sarah wechselte das Objektiv ihrer Kamera, spähte durch den Sucher und nickte zufrieden. "When did you last go on a holiday? 40 years ago?"
"Not quite. As a matter of fact it was 60 years ago. But I'm a farmer, that's different. I went to Bath once. I was still a young woman."
"I'm not really working. I'm a photographer, so I'm never on holiday either. But it's not work. It's my passion." Sarah beobachtete fasziniert, wie Derek auf einem abgezäunten Stück Wiese hinter den Cottages einen seiner Border Collies drei Schafe aus einer größeren Herde aussondern ließ. Ein weiterer Hund hielt die übrigen Schafe in Schach, während der erste die ausgewählten Tiere durch ein Tor und dann weiter in ein Gatter trieb. Es sah so spielerisch einfach aus, als wüssten Hunde und Schafe von allein, was zu tun sei.
"What do you think? Are they champions?" Derek, der heute Nachmittag offenbar aufgeräumterer Stimmung war als am

---

to relax [rɪˈlæks] sich entspannen

Tag zuvor, winkte zu den Frauen herüber. Er weiß, dass er gut ist, dachte Sarah, hier fühlt er sich in seinem Element. "They are great. It looks so easy!", rief sie zurück und ließ ihre Kamera für einen Moment sinken.
"Mmm. They still need some more training. There's a lot **at stake**. They seem a bit **confused**, because the fire **upset** them." Derek schloss das Gatter hinter den Schafen und kraulte den Hunden die Ohren.
Sie vergöttern ihn, schoss es Sarah durch den Kopf, während sie Carolines Mann und seine Tiere beobachtete. Derek musste ein großartiger Pferdetrainer gewesen sein. Welch eine Verschwendung, dass dieser Mann nie wieder in seinem Leben mit Pferden zu tun haben wollte. Während Derek die eingepferchten Schafe wieder zu ihrer Herde entließ und nun auch mit einem besorgten Blick den Himmel absuchte, an dem sich schwarze Wolken zusammengeballt hatten, nahm Sarah aus dem Augenwinkel war, dass sich ihnen eine kleine, kräftige Gestalt im Arbeitsoverall näherte.
"Hi Julia!"
Das Mädchen erwiderte Sarahs Gruß missmutig. Sie trug wieder das unvermeidliche Kopftuch, das sie vermutlich selbst zum Schlafen nicht abnahm, und ihr Blick ging stur an den Frauen vorbei. Es sah aus, als würde sie lieber nicht zu ihnen herüberkommen, aber Liz Hebblethwaite, so vermutete Sarah, würde keine derartige Unartigkeit in ihrer Gegenwart dulden. Wie recht sie hatte, sollte sich wenige Sekunden später zeigen.

---

to be at stake [biː ət ˈsteɪk] auf dem Spiel stehen **confused** [kənˈfjuːzd] verstört **to upset (upset, upset) sb.** [ʌpˈset / ʌpˈset / ʌpˈset] jdn. beunruhigen

“Come over here and tell us why your **face** is **as long as a fiddle**!”
“Derek doesn’t let me help.” Julia hatte ihr Gesicht in Falten gelegt wie ein enttäuschter Spaniel.
“Well, didn’t I see you **feeding** and **grooming** those dogs in the morning?”, erkundigte sich Liz mit gespieltem Erstaunen.
“Yeah. That’s right.” Das Gesicht des Mädchens wurde noch eine Spur mürrischer.
“So what are you complaining about?”
“I can’t help with the training. I do all the dirty work – cleaning the **kennel** and so on. It’s not fair! I know I can work with them. They **obey** me.”
“Well, yes”, sagt Liz begütigend. “But, **admit** it: Feeding dogs is a bit different from training them for a trial, and there are only a few training days left. You have to be very sure of your body language to train animals, you know.”
Julia hob den Kopf und sah Liz direkt an. Ihre Augen sprühten zornige Funken und ihre Wangen waren gerötet.
“I know that. And I am working on it, but no one seems to notice **except for** the dogs.”
Damit drehte sie sich um und rannte davon.
“Hey, did you see that?” Verblüfft stemmte Dereks Großmutter die Hände in die Hüften.
“Did I see what? Is that **nuisance** of a girl complaining

---

a face as long as a fiddle [ə 'feɪs əz ˌlɒŋ əz ə 'fɪdl] ein Gesicht wie sieben Tage Regenwetter **to feed (fed, fed) sb.** [fi:d / fed / fed] jdn. füttern **to groom sb.** [gru:m] jdn. bürsten **kennel** ['kenl] Zwinger **to obey sb.** [ə'beɪ] jdm. gehorchen **to admit** [əd'mɪt] zugeben **except for** [ɪk'sept fə] außer **nuisance** ['nju:sns] Plage again?" Derek kam herübergeschlendert. Sarah fiel auf, dass manche seiner Bewegungen eckig wirkten, dennoch blieb eine Ahnung von der Geschmeidigkeit, die sein Körper früher besessen haben musste. "I don't need any kind of **bother** right now." Obwohl er sich von den Hunden abgewandt hatte, blieben diese so aufmerksam, als habe ihr Herr Augen im Rücken.

"Derek! Don't be nasty! Be a bit nicer to the poor girl once in a while." Liz wandte sich zu Sarah um. "She **was staring** straight at me. Did you **notice** that?"

"Yes, why?" Sarah fühlte sich unbehaglich. Sie wusste nicht, worauf das Gespräch hinauslief.

"But this is great!" Ein großzügiges Lächeln machte sich in dem runzligen Gesicht breit. "She**'s cross-eyed**."

"Oh, I didn't know that. She was always looking at something behind me. Now I understand. I didn't know. I'm sorry." Sarah schämte sich plötzlich dafür, dass sie Julia für unhöflich gehalten hatte. Ohne dass sie so recht gewusst hätte, warum, tat ihr das Mädchen plötzlich leid.

Übung 12: Stimmen die folgenden Aussagen? Kreuzen Sie die zutreffenden Sätze an.

1. ☐ Liz last went on holiday in Victorian times.
2. ☐ Julia loves working with the dogs.
3. ☐ The dogs never obey Julia.
4. ☐ Julia is cross-eyed.
5. ☐ Derek doesn't let Julia help with the training.
6. ☐ Julia can speak German.

---

bother ['bɒðə] Störung **to stare** [steə] starren **to notice sth.** ['nəʊtɪs] etw. bemerken **to be cross-eyed** [biː 'krɒsaɪd] schielen

"Well, you can feel sorry for her later because it is going to start raining in a few minutes", mischte sich Derek ein.
Er sollte recht behalten. Auf ihren letzten Metern zum Haus setzte unvermittelt ein so heftiger Regen ein, dass Sarah bis auf die Haut durchnässt war, als sie schließlich die rettende Haustür erreichte. Sie musste an Melissa Stavely denken und hoffte, dass ihre neue Bekanntschaft bereits warm und trocken in ihrem Cottage saß.
Caroline erwartete sie im Flur.
"You look **troubled**. What happened?"
"It's Melissa. She hasn't returned yet." Caroline drehte den Telefonhörer unschlüssig in der Hand.
"Du hast dir die Hand verletzt. Lass mal sehen."
"Das ist nichts." Caroline steckte die Hand rasch in die Tasche, doch Sarah hatte genug gesehen. Caro hatte sich die Fingernägel blutig gekaut. Das hatte sie schon früher immer getan, wenn sie nervös gewesen war.
"So who did you call?" Derek deutet auf den Hörer.
"I was thinking about calling the police or at least the **mountain rescue**."
"Don't be silly. You are acting like a **mother hen**. Just relax and make us some tea."
Damit nahm Derek seiner Frau das Telefon aus den Händen und ging an ihr vorbei in die Küche, als sei das Thema erledigt. Überrascht blickte Sarah ihm nach. Bemerkte er denn nicht, wie beunruhigt Caroline war? Dieser Idiot von einem Ehemann hatte nicht einmal den Versuch gemacht, seine Frau tröstend in den Arm zu nehmen – genau genommen hatte er überhaupt jede Berührung tunlichst vermieden.

---

troubled ['trʌbld] besorgt **mountain rescue** ['maʊntɪn ˌreskjuː] Bergwacht **mother hen** [ˌmʌðə 'hen] Glucke

Das seltsame Gefühl in Sarahs Bauch machte sich wieder bemerkbar.
"Liz said something about a shelter on the summit. Perhaps Melissa's in there, waiting for the weather to change." Sie legte ihren Arm um Carolines Schulter. "She can take care of herself. She was going to take the easy route yesterday."
"I know. But I'm still worried. Just look at the sky. Anybody can see that the weather conditions are getting dangerous."
Caroline hatte recht. Der Himmel hatte sich so zugezogen, dass es draußen plötzlich fast dunkel geworden war.
"Wenn ich jetzt keine Hilfe rufe, wird es für irgendwelche Suchaktionen zu dunkel sein." Caroline starrte in den Regen hinaus. "Du kennst mich besser als jeder andere, Sarah. Hältst du mich für überängstlich oder hysterisch?"
"Du? Nie." Sie schüttelte entschieden den Kopf. "Du warst immer mein Fels in der Brandung. Immer mit beiden Füßen auf dem Boden und vernünftig." Die Erinnerung machte sie lächeln, doch das Gesicht ihrer Schwester blieb ernst.
"Ich habe so ein verdammt schlechtes Gefühl bei der Sache."
Sarah blickte sie aufmerksam an. "Dann solltest du vielleicht tun, was du für vernünftig hältst."
Ihre Schwester zögerte noch einen Moment, dann begann sie zu wählen.

Five

Sarah konnte nicht sofort sagen, was sie geweckt hatte. Sie lag einen Moment ganz still und lauschte in die Dunkelheit. Sie war an die ständigen Hintergrundgeräusche der Stadt gewöhnt und die völlige Stille überraschte sie. In einiger Entfernung hörte sie einen Hund bellen. Einer von Dereks Border Collies? Sarah warf einen Blick auf ihre Armbanduhr. Es war halb vier. Irgendwo wurde eine Tür ins Schloss gezogen. Das einzige Gebäude, das nah genug war, um von dort ein solches Geräusch hören zu können, war das Nachbar-Cottage. Eine Welle der Erleichterung und gleichzeitig des Ärgers überflutete Sarah. Erleichterung, dass Melissa endlich zurück war. Ärger, dass sie den ganzen Hof und vor allem Caroline in solche Aufregung versetzt hatte. Wo um Gottes willen hatte die Frau sich so lange herumgetrieben? Halb vier Uhr nachts war nicht gerade eine übliche Zeit, um von einer Bergwanderung zurückzukommen. Sarah schlüpfte in ihre Slipper. Hatte Melissa sich verletzt? Vielleicht einen Fuß verstaucht? Nicht nur der bis in den späten Abend andauernde Regen und der plötzlich heraufziehende Nebel hatten der von Caroline alarmierten Suchmannschaft die Arbeit schwer gemacht – die gut ausgebildeten Hunde der Helfer waren an schlechte Wetterbedingungen gewöhnt –, sondern vor allem die Tatsache, dass niemand wusste, welche Wanderroute die Urlauberin tatsächlich gewählt hatte. Sicher schien nur, dass sie von der Farm hinunter zur Bushaltestelle an der Hauptstraße gewandert war, dort verlor sich ihre Spur. Wo sie den Bus verlassen hatte, war unbekannt, und so war die Suche schließlich unverrichteter Dinge abgebrochen worden. Es grenzte fast an ein Wunder, dass Melissa nach all der Aufregung den Heimweg offenbar aus eigener Kraft gefunden hatte.

Draußen nieselte es nur noch leicht und Sarah fröstelte in ihrem T-Shirt. Melissas Tür war verschlossen, das Cottage lag dunkel und verlassen da. Sarah war plötzlich unsicher, was sie tun sollte. Sollte sie klopfen, bis Melissa öffnete? Sie überlegte noch, als hinter einem der Fenster plötzlich ein schwacher Lichtschein erschien. Es war ein kleiner, runder Lichtkegel, und nach der ersten Verwunderung erkannte Sarah, woher er stammte: Es war eine Taschenlampe.

Sie duckte sich instinktiv und spähte vorsichtig durch das Fenster. Eine große, dunkle Silhouette bewegte sich langsam durch das Zimmer, leuchtete in Regale und Ecken. Durch das gekippte Fenster konnte sie hören, dass Schubladen aufgezogen wurden und Papier knisterte. Jemand durchsuchte das Cottage. Und der dunkle Schatten war definitiv nicht Melissa.

Übung 13: Welcher Vergleich ist gemeint? Setzen Sie den richtigen Begriff ein.
(idiot, picture book, romantic painting, fashion victim, dolls' house, mother hen)

1. Sarah doesn't look like a ______________________.
2. The reflection looked like a ______________________.
3. "The cottage looks just like a ______________________ with all that pink and cream."
4. "You are acting like a ______________________. Just relax and make us some tea."

5. The scenery is spectacular. It's like living in a ______________________.

6. Be sensible. Don't act like an ______________________.

Nach einer Weile verschwand der Lichtkegel und eine Tür klapperte; der nächtliche Besucher musste nun im hinteren Teil des Hauses sein. Sarah biss sich auf die Lippen. Sie erwog, hinüber zum Haupthaus zu laufen, um Caroline zu alarmieren, verwarf die Idee aber sofort wieder. Bis sie das Farmhaus erreichte, war der ungebetene Besuch vermutlich längst über alle Berge. Ehe sie sich weiter den Kopf zerbrechen konnte, hörte sie ein Scharren, dann öffnete sich die Haustür einen Spalt breit. Sarah duckte sich in ihrem feuchten Versteck hinter einen Stechginsterbusch und wagte nicht zu atmen. Die Taschenlampe war jetzt erloschen, aber ihre Augen hatten sich inzwischen an die Dunkelheit gewöhnt. Ein dunkler Schemen erschien an der Tür, blickte sich vorsichtig um und huschte dann nach draußen. Der ungebetene Besucher ging so dicht an Sarah vorbei, dass sie seinen Arm hätte streifen können, und dieser Arm steckte in einer Strickjacke mit rotem Schottenmuster, die ihr inzwischen wohlvertraut war. Es war ihr Schwager Derek. Verbrachte dieser Mann seine Nächte denn nie im Bett bei seiner Frau? Vielleicht war es die Erinnerung an den hässlichen Streit, der nach Carolines Anruf bei der Bergrettung entbrannt war, der Sarah Scham, schlechtes Gewissen und hanseatische Erziehung vergessen ließ und sie dazu bewegte, Derek zu folgen. In der Dunkelheit war das nicht so leicht, wie sie gehofft hatte. Derek bewegte sich im Gegensatz zu ihr auf vertrautem Terrain, und ein paar Mal glaubte sie, ihn fast verloren zu haben. Zu ihrer Überraschung steuerte ihr Schwager nicht auf das Farmhaus zu, sondern folgte einem gewundenen Pfad, der zu einer Art Gemüsegarten führte. An einem flachen Schuppen machte er Halt. Sarah hörte ein metallisches Scheppern, dann ein Rascheln wie von Papier. Sie spähte mit zusammengekniffenen Augen in die Dunkelheit, doch erst, als sie die Flamme sah, begriff sie, was ihr Schwager dort tat. Das brennende Papier loderte einmal auf, dann versank es in der großen, metallenen Tonne, die sonst vermutlich zum Verbrennen von Gartenabfällen verwendet wurde. Er hat etwas aus Melissas Cottage mitgenommen, schoss es ihr durch den Kopf, und sofort fiel ihr der Streit im Obstgarten wieder ein, den sie am Abend zuvor unwillentlich belauscht hatte, dieser Streit zwischen einem großen Mann in einer roten Schottenjacke und einer Frau, deren Gesicht sie nicht gesehen hatte.

Six

Die erste Person, die Sarah am Morgen auf dem Weg zum Frühstück begegnete, war Julia, die ihr entgegengestürmt kam, als sei der Teufel hinter ihr her. Sie hätte sie vermutlich über den Haufen gerannt, wäre Sarah nicht ausgewichen. Sie erhaschte einen Blick auf das rot verschwollene Gesicht unter dem Kopftuch, ehe Julia blindlings in Richtung Zwinger stürmte. Um Trost bei den Hunden zu suchen, vermutete Sarah, während sie die Stufen zum Farmhaus emporsprang, um dem feinen, aber beständigen Regen zu entkommen und um zu hören, ob es Neuigkeiten von Melissa gab. Als sie die Küche betrat, schlug ihr eine denkbar ungemütliche Stimmung entgegen, und die Gesichter, die sich nach ihr umwandten, trugen einen Ausdruck mühsam unterdrückter Anspannung.
"Still no **trace** of Melissa?", erkundigte sie sich, als sie sich auf den freien Platz neben ihrer Schwester gleiten ließ.

Übung 14: Bringen Sie die folgenden Ereignisse in die richtige Reihenfolge.

a. ☐ Caroline wants to call the police about Melissa.
b. ☐ Sarah goes to Melissa's cottage and sees a man in a red jacket.
c. ☐ Sarah hears someone in Melissa's cottage in the middle of the night.
d. ☐ Sarah hears two people shouting in the orchard.
e. ☐ Sarah meets Julia early in the morning. She is in a hurry.
f. ☐ Liz looks for an old locket, but she can't find it.

---

trace [treɪs] Spur

Caroline schüttelte stumm den Kopf. Ihr Frühstücksteller war unberührt, ein weiterer unbenutzter Teller zeugte von Julias überstürztem Aufbruch.
"The people from the mountain rescue are out there looking for her with **search dogs** again, but we don't know exactly which route Melissa took across the fells. They've called in the police too. They have **specially trained** officers who are experts at finding missing persons and can **coordinate** the search. The people in the mountain rescue team are all **volunteers**." Liz schob Sarah eine frische Tasse hin und Sarah ging dankbar auf den Versuch, Konversation zu machen, ein. "The **weather conditions** are difficult for the dogs."
Es regnete zwar längst nicht mehr so stark wie am Vorabend, doch die Vorstellung, bei diesem Wetter in nassem, unwegsamem Gelände nach jemandem zu suchen, war nicht einladend.
"Actually most search dogs work better **in rainy** or windy **conditions**", ließ sich nun Derek vom anderen Ende des Tisches vernehmen. "They have some well-trained dogs around here and some Border Collies too. They are going to search all the bus stops near Helvellyn and find out where she got off the bus and which way she took afterwards. I'm sure they'll find her in no time."
"I almost forgot. You are an expert on dogs", bemerkte Sarah. Sie musterte ihren Schwager aus den Augenwinkeln und fragte sich, ob er immer noch so entspannt klänge,

---

search dog ['sɜːtʃ dɒg] Suchhund **specially trained** [ˌspeʃlɪ 'treɪnd] mit Spezialausbildung **to coordinate sth.** [kəʊ'ɔːdɪneɪt] etw. koordinieren **volunteer** [vɒlən'tɪə] Freiwilliger **weather conditions** ['weðə kənˌdɪʃnz] Wetterbedingungen **in rainy conditions** [ɪn ˌreɪnɪ kən'dɪʃnz] bei Regen

wenn er ahnte, dass sie ihn bei seinem nächtlichen Tun beobachtete hatte. Sie hatte die halbe Nacht vergeblich versucht, sich einen Reim darauf zu machen. Was wusste Derek über Melissa Stavely – oder sie über ihn –, das ihn veranlassen konnte, mitten in der Nacht ihre Wohnung zu durchwühlen? War sie die Frau im Obstgarten gewesen, mit der Derek gestritten hatte? Was auch immer ihr Schwager in der Ferienwohnung gesucht hatte, er schien auf jeden Fall sehr bestrebt, ihr Verschwinden herunterzuspielen.
"I'm quite sure she had a **mobile**. Maybe she has a broken **ankle**, but why hasn't she called?", sagte Caroline trotzig, und etwas in ihrer Stimme verriet Sarah, dass die Eheleute diese Diskussion seit gestern Abend mehr als einmal geführt hatten. "I don't have her number, otherwise the police could do a **cell site analysis**."
"The **batteries** are probably empty **anyway**." Derek zuckte die Schultern. "That women prepared for the walk very carelessly."
"Yes, we all knew that, and now she's missing. We're **responsible** too. This is just the kind of publicity we need!" Caros Stimme hatte eine Schärfe, die Sarah von ihrer Schwester nicht kannte.
"Don't be silly, Caroline. Melissa Stavely is a grown woman and you can't play babysitter for all of our guests. Otherwise we can forget the whole bed-and-breakfast thing."
"We can't do that."
Sarah war dankbar, dass Liz einem handfesten Ehekrach zuvorkam.

---

mobile ['məʊbaɪl] Handy **ankle** ['æŋkl] Knöchel **cell site analysis** ['sel saɪt əˌnæləsɪs] Handy-Ortung **battery** ['bætərɪ] Akku **anyway** ['enɪweɪ] sowieso **responsible** [rɪ'spɒnsəbl] verantwortlich

"Hey, stop **fighting**, you two. Sitting around and **arguing** won't help anyone. We have a farm and we have a lot of work to do."
Ohne ein weiteres Wort stellt Derek seine Tasse ab und verließ die Küche.
Carolines Schultern sackten nach vorn.
"O Sarah, es tut mir so leid, du musst einen furchtbaren Eindruck von uns haben. Du solltest ein paar unbeschwerte Tage bei uns verbringen und nun belasten wir dich auch noch mit unseren Problemen."
Sarah versuchte ein beruhigendes Lächeln. "Das ist in Ordnung. Ihr steht alle unter Stress. Erst die Scheune und nun ein verschollener Urlaubsgast, wem würden da nicht die Nerven durchgehen?"
"Du darfst es Derek nicht übel nehmen", bat Caroline zu Sarahs Erstaunen, "er ist aufgebracht wegen Julia und der Hunde. Ich konnte ihn nur mit Mühe überreden, das arme Ding nicht sofort zu feuern."
"Was ist denn passiert? Sie hätte mich vorhin fast über den Haufen gerannt, so außer sich war sie."
Caro stützte ihr Gesicht in die Hände. "Wie es scheint, hat sie versucht, Dereks Training mit den Hunden zu sabotieren. Er wollte sie nicht beim Training helfen lassen, also hat sie sich nachts heimlich zu den Zwingern geschlichen und die Hunde herausgeholt. Sie sagt, sie wollte neue Methoden ausprobieren – und das so kurz vor Dereks geheiligten Sheepdog Trials! Keine Ahnung, wie lange das schon so geht, aber die armen Tiere sind wohl ein bisschen verwirrt. Für einen Außenstehenden sind das sicher nur

---

to fight (fought, fought) [faɪt / fɔːt / fɔːt] zanken **to argue** [ˈɑːgjuː] streiten winzige Nuancen, aber mein Mann ist Perfektionist, was seine Border Collies angeht, und dieser Wettbewerb ist so wichtig für ihn."

"You're talking about Julia and the dogs?" Emma nestelte errötend an ihrer Brille. "We should all be grateful for her silly behaviour."

"Grateful? What for? My husband's next **bout of depression**?"

Übung 15: Welche Begriffe gehören zusammen? Tragen Sie den richtigen Buchstaben ein.

1. a bout of	☐	**a.** publicity we need
2. an expert at	☐	**b.** dogs
3. just the kind of	☐	**c.** a girl
4. **obsessed with**	☐	**d.** depression
5. a nuisance of	☐	**e.** tramp
6. some kind of	☐	**f.** finding missing persons

"Emma's right", kam Liz ihr zur Hilfe. "That obsessive dog lover **discovered** the fire. She **sneaked out** of the house to the kennel."

"I'm afraid that's not the way Derek sees it." Caroline schüttelte den Kopf. "He's so **absent-minded** at the moment. I'm really worried about his behaviour."

"Don't worry. He's a strong man and he has a strong woman by his side." Dereks Großmutter legte ihre faltige Hand tröstend auf Carolines Wange. Caro lächelte dankbar.

---

bout of depression [ˌbaʊt əv dɪˈpreʃn] Depressionsschub **obsessed with sth.** [əbˈsesd wɪð] von etw. besessen **to discover sth.** [dɪsˈkʌvə] etw. entdecken **to sneak out** [ˌsniːk ˈaʊt] sich hinausschleichen **absent-minded** [ˌæbsntˈmaɪndɪd] geistesabwesend

Die anrührende Geste veranlasste Sarah, die Worte, die ihr bereits auf der Zunge gelegen hatten, wieder hinunterzuschlucken, und so ließ sie den geeigneten Zeitpunkt, über Dereks nächtliche Eskapaden zu berichten, ungenutzt verstreichen. Schon war die Gelegenheit vorüber. Ihre Schwester straffte die Schultern und stand auf.
"You are right. **Moaning** won't make things any better. Let's get to work."
"Do you want to come with me, Sarah?", erkundigte sich Emma. "You can help me shear the sheep. We can take Julia along, too, so she can at least do something useful today."
"**By the way**, where's Thomas?", erkundigte sich Liz.
Emma zögerte einen Moment, ehe sie antwortete. "I think he's outside. He is repairing the tractor."
Liz kniff die Augen zusammen. "Did you see him this morning?"
"He went out early."
"Don't lie to me, Emma Hebblethwaite! I have known that man far longer than you have. He was out all night."
"We had a fight. He was drunk and he was angry with me. He probably slept in the barn." Emmas verschränkte ihre Arme schützend vor der Brust, ihre Hände verschwanden in den Ärmeln des übergroßen Pullovers. Ein handgestricktes Prachtstück, dachte Sarah, wenn das ein Beispiel für Emmas Handwerkskunst war, war sie eine wahre Meisterin.
Liz Hebblethwaite schürzte ärgerlich die Lippen.
"Show me your arm."
"It's nothing."
"I said show me your arm. This is no **joke**, Emma."

---

to moan [məʊn] jammern **by the way** [ˌbaɪ ðə ˈweɪ] übrigens **joke** [dʒəʊk] Witz

"It's nothing, really. One of the sheep fell on me while ..."
"Stop it, Emma. We both know Thomas very well. He was angry last night. Did he hit you?"
"Yes. But please don't tell Derek, will you? It will only make things worse." Emma senkte den Kopf und wischte sich mit einem Ärmel ihres schönen Pullovers über die Augen.
"Damm it, Emma, he's my grandson and I love him, but sometimes I can't understand why you don't leave him."
"I don't know either. Perhaps I love him."
Caroline legte ihrer Schwägerin schützend den Arm um die Schultern.
"I think I understand. But don't let him hurt you, okay?"
Emma wischte sich wieder über das Gesicht. "I'm okay, really. Let's get to work, shall we?"

"Are you **disappointed**?"
"Sorry?" Sarah verstand nicht sofort, was Emma meinte.
"By your family?", wiederholte Emma, als sie gemeinsam zur Weide gingen. "I was sometimes. I was younger then, but I still know how it feels. I have thought about leaving Thomas. Sometimes I just want to run. But I am still with him and I still believe it's worth the effort."
"Don't worry. I won't **let** Caroline **down**", erwiderte Sarah, immer noch erstaunt über die Frage. Emma konnte die Beziehung zu ihrem gewalttätigen Ehemann doch wohl kaum mit Sarahs Beziehung zu ihrer Schwester vergleichen? Sie würde sicher nicht gleich die Flucht ergreifen, nur weil Carolines heile Welt sich als gar nicht so heil herausstellte. Ab und zu beruhigte es sie sogar zu sehen, dass auch

---

disappointed [ˌdɪsəˈpɔɪntɪd] enttäuscht **to let (let, let) sb. down** [ˌlet / ˌlet / ˌlet / ˈdaʊn] jdn. enttäuschen

ihre Schwester eine reale Person mit realen Problemen war. "She's my only relative. She's my sister and I will always help her."
Schweigend gingen sie nebeneinander her. Plötzlich blieb Emma stehen und legte den Finger an die Lippen.
"Did you hear that?"
"Sorry, no. Oh, wait, now I can hear something. It sounds like a quarrel."

Übung 16: Setzen Sie den unbestimmten *(a/an)* oder den bestimmten *(the)* Artikel ein.

1. It's worth ____________ effort.
2. She's all ____________ family I have left.
3. She's acting like ____________ mother hen.
4. ____________ sheep graze on ____________ fells.
5. It sounds like ____________ quarrel.
6. I made ____________ mountain out of ____________ molehill.

"That's Derek and Thomas. They're in the barn, fighting again. We have to stop them, otherwise somebody **will get injured**, or … let's just hurry!" Emma rannte los; Sarah war ziemlich außer Atem, als sie schließlich die Ställe erreichte. Die Brüder standen sich mit geballten Fäusten gegenüber, Thomas mit gerötetem Gesicht und wirrem Haar, Derek vor Zorn wie versteinert.

---

to get (got, got) injured [ˌget / ˌgɒt / ˌgɒt ˈɪndʒəd] verletzt werden

Ohne zu überlegen, warf Emma sich zwischen die beiden. "Thomas, please, stop!"
Thomas schob seine Frau wie eine Puppe von sich. "**That's none of your business**, Emma. This is just between Derek and me."
"But Thomas ..." Emma klammerte sich an den Arm ihres Mannes, der sie wütend abschüttelte. Seine Stimme überschlug sich, und Sarah roch, dass er wieder getrunken hatte.
"I am not that stupid! People **are gossiping** about me. 'Poor old drunken Thomas, always **pissed**, can't **get** his **act together**.' Sorry I'm not as handsome or as **well-educated** as my brother. **What a shame! Are** you **ashamed of** me, Derek?"
Dereks Stimme klang eisig, als er antwortete. "Just tell me something. Are the **rumours** true? Have you been **sober** once since you came here? Do you beat your wife? Tell me the truth. But perhaps Emma will tell me herself."
"Derek please, no, let him be", flehte Emma.
"Tell me it's not true, Emma. Tell me it's not true, Thomas slept in the barn because you had a fight last night. And it wasn't the first time, Thomas. What about the night the barn burnt down? You're the only smoker on the farm."
"You **bastard**!"

That's none of your business. [ðæts ˌnʌn əv jə 'bɪznɪz] Das geht dich nichts an. **to gossip** ['gɒsɪp] tratschen **pissed** [pɪst] besoffen **to get one's act together** ['get wʌnz ˌækt tə'geðə] sich am Riemen reißen **handsome** ['hænsəm] stattlich **well-educated** [ˌwel'edjʊkeɪtɪd] gebildet **What a shame!** ['wɒt ə 'ʃeɪm] Was für eine Schande! **to be ashamed of sb.** [bi: ə'ʃeɪmd əv] sich für jdn. schämen **rumour** ['ru:mə] Gerücht **sober** ['səʊbə] nüchtern **bastard** ['bɑ:stəd] Scheißkerl

Mit einem Aufschrei stürzte Thomas sich auf seinen Bruder. Sarah wurde das Gefühl nicht los, dass Derek genau das beabsichtig hatte und dass es hier um einen älteren, tiefer liegenden Groll ging, als für sie ersichtlich war.
In diesem Moment machte ein scharfer, gezielter Wasserstrahl der Auseinandersetzung ein jähes Ende. Thomas, der Derek eben noch mit der Verbissenheit eines Terriers im Schwitzkasten gehabt hatte, wurde davon völlig überrascht. Der Wasserstrahl riss ihn von den Füßen. Der Ausdruck kühler Überlegenheit auf Dereks Gesicht war völliger Verblüffung gewichen. Dann überraschte ihr Schwager Sarah aufs Neue. Er begann schallend zu lachen.
Liz Hebblethwaite senkte den Gartenschlauch und zog die Augenbrauen mit spöttischer Liebenswürdigkeit hoch.
“Sorry to interrupt you boys, but I need you, Derek. Come at once, please. The mountain rescue team is back and they’ve brought the police along in their **Z-cars with** their **lights flashing**. I’m afraid they don’t have good news.”

Z-car ['zed kɑː] Polizeiwagen **with lights flashing** [wɪð ˌlaɪts 'flæʃɪŋ] mit Blaulicht

Seven

“A **blood-soaked** jacket?” Emma wandte sich schaudernd ab.

“How do they know it’s Melissa’s?”, erkundigte sich Derek, der völlig ruhig wirkte, genau wie bei seiner Auseinandersetzung mit Thomas.

“It’s a neon-green **waterproof** jacket. Quite an **eye-catcher**. Melissa was wearing it yesterday morning. Besides, the search dogs are sure it’s Melissa’s. They found it **several** miles from the inn at Thirlmere. It’s quite a **popular** starting point for walking routes.” Liz seufzte.

“Any trace of Melissa herself?”, erkundigte sich Sarah vorsichtig.

“No. That’s why the police want to **extend** the **investigation**. They want to have a look at Melissa’s personal things and make some **enquiries**.” Liz Hebblethwaite strich sich mit einer müden Bewegung über die Stirn. “Caroline has taken them to Melissa’s cottage. They want to look around.”

Emmas Augen weiteten sich. “My God, they think somebody **murdered** her!”, stöhnte sie. Ihr Schwager sah sie ärgerlich an.

“They want to **rule out** a **crime**”, erwiderte Liz trocken. “What ever that means.”

Derek kniff die Augen zusammen. “What about the search

---

blood-soaked ['blʌdˌsəʊkt] blutgetränkt **waterproof** ['wɔːtəpruːf] wasserdicht **eye-catcher** ['aɪˌkætʃə] Blickfang **several** ['sevrəl] mehrere **popular** ['pɒpjələ] beliebt **to extend sth.** [ɪk'stend] etw. ausweiten **investigation** [ˌɪnvestɪ'geɪʃn] Ermittlungen **enquiry** [ɪn'kwaɪərɪ] Befragung **to murder sb.** ['mɜːdə] jdn. ermorden **to rule out sth.** [ˌruːl 'aʊt] ausschließen **crime** [kraɪm] Verbrechen

dogs? They found her jacket. Why can't they find any trace of her?"
"It is because of the hot and sunny weather yesterday morning. And the path was **stony**. Apparently that makes it difficult for the dogs to trace her."
Derek schüttelte den Kopf. "I can't believe that. Very well-trained dogs search for dozens of lost fell walkers under similar conditions every year."

Übung 17: Setzen Sie das Gegenteil der in Klammern angegebenen Adjektive und Adverbien in die Sätze ein.

1. Julia does all the *(clean)* ______________ work on the farm.
2. The police dogs are *(badly)* ______________-trained.
3. Thomas has never been *(drunk)* ______________ since he arrived at the farm.
4. Melissa went for a walk on the fells. She was *(careful)* ______________. She prepared *(well)* ______________.
5. The two people in the orchard were talking *(quietly)* ______________.
6. That route to the summit is very *(safe)* ______________.

"What do you mean?" Sarah blickte ihn stirnrunzelnd an.
"Well, she didn't disappear into thin air. There are circumstances that make it really impossible for a dog to find a miss-

---

stony ['stəʊnɪ] steinig

ing person. Melissa has always been quite cool-headed. I'm sure she is still alive." In seinem Gesicht arbeitete es, aber er schien seine Überlegungen nicht weiter erläutern zu wollen.
"What are they looking for in Melissa's apartment?", fragte Emma.
Liz zuckte die Schultern. "Well, anything that tells them more about Melissa Stavely, I think."
Über Melissa, dachte Sarah, und darüber, warum jemand ihr Böses wollen könnte. Sie konnte den anderen ansehen, dass dieser Gedanke unausgesprochen in der Luft hing. War Melissa überfallen worden? War sie noch am Leben? War sie verletzt und irrte orientierungslos umher?
"Here's Caroline", rief Emma plötzlich, und tatsächlich sah Sarah ihre Schwester mit weiten, energischen Schritten auf ihre kleine Gruppe zukommen.
Alle redeten jetzt durcheinander. "Where are the police?" – "Have they found anything?" – "What did they say?" – "What do they think about Melissa's disappearance?"
Caroline hob die Hände. "Sorry, folks, one at a time … And really, I know next to nothing. The police searched the whole cottage. I don't know what for. But they found nothing, as far as I can tell you."
"Nichts?", erkundigte sich Sarah ungläubig. "Was ist denn mit Melissas persönlichen Sachen?" Dann fiel ihr Dereks nächtlicher Besuch wieder ein. Sie warf ihm heimlich einen Blick zu. Was wusste er über Melissas Verschwinden? Aus welchem Grund auch immer er nachts in das Cottage eingebrochen war, er hatte nicht viel mitgenommen, es hatte sich problemlos unter seiner Jacke verbergen lassen. Sollte sie ihn darauf ansprechen? Der Gedanke gefiel ihr nicht, und noch weniger behagte ihr die Idee, ihrer Schwester davon zu berichten.

Caro bemerkte Sarahs verstohlene Blicke nicht und fuhr nachdenklich fort: “Es ist seltsam, diese Frau scheint überhaupt keine Papiere oder Unterlagen bei sich gehabt zu haben. Keinen Personalausweis und noch nicht einmal einen Führerschein.”
“Wie ist sie denn hierher gekommen?”
Caroline zuckte die Schultern. “Mit dem Zug, genau wie du. Soweit ich weiß, kam sie aus Manchester.”
“Aber du hast doch sicher eine Adresse von ihr.”
Caroline schien ein wenig betreten. “Das hat die Polizei natürlich auch gefragt, aber um ehrlich zu sein, sie hatte sehr kurzfristig gebucht und war ja noch nicht lange hier. Ich hatte es nicht so eilig mit den Personalien, und sie war nicht besonders mitteilsam, was das anging.”
“Hey”, mischte sich nun Derek ein, “could you stop that private **chit-chat** in German? We **are bursting** with **curiosity**!”
“Sorry.” Caroline sah ihn entschuldigend an. “Liz has already told you about the jacket, hasn’t she? They found it somewhere by the white stones that **mark** the walking route up Helvellyn. As far as I understood there was no trace of Melissa herself or her **backpack**. The jacket had **blood stains** on it and was **torn**. Something serious happened. Perhaps she had an accident, but perhaps ... well, perhaps something worse happened ...”
Caroline vermied es, den anderen ins Gesicht zu sehen, aber alle wussten, was sie meinte.

---

chit-chat ['tʃɪttʃæt] Geplauder **to burst (burst, burst)** [bɜːst / bɜːst / bɜːst] platzen **curiosity** [ˌkjʊərɪ'ɒsətɪ] Neugier **to mark sth.** [mɑːk] etw. markieren **backpack** ['bækpæk] Rucksack **blood stain** ['blʌdsteɪn] Blutfleck **torn** [tɔːn] zerrissen

Melissa Stavely war möglicherweise einem Verbrechen zum Opfer gefallen.
“And that’s all they know?”, erkundigte sich Emma ängstlich.
“Caroline is not a police officer and not a forensic expert”, unterbrach Derek sie.

Übung 18: Setzen Sie die angegebenen Substantive in die folgenden Sätze ein.
*(jacket, rain, **evidence**, paper, animal, search)*

“No, they didn’t find any evidence”, bestätigte Caroline, “but as far as I understood the **1.** ___________ is still on. It’s still possible she’s out there, perhaps injured and waiting for help. Perhaps a wild **2.** ___________ **dragged** the jacket **away**.”
“Perhaps the **3.** ___________ **swept** the **4.** ___________ **away**.” Thomas, der bisher ein wenig abseits gestanden und geschwiegen hatte, war nun näher gekommen. Er wirkte beinahe nüchtern. Sein Zorn auf Derek schien verraucht.
“Oh yes”, Caroline nickte heftig, “They found a piece of **5.** ___________ in the pocket of the **6.** ___________, but they couldn’t read it. The rain had washed the writing away.”

---

evidence ['evɪdəns] Beweisstück **to drag sth. away** [ˌdræg / ə'weɪ] etw. wegschleppen **to sweep (swept, swept) sth. away** [ˌswiːp / ˌswept / ˌswept ə'weɪ] etw. wegschwemmen

"Perhaps it was a letter. Perhaps they were looking for something like that", sagte Sarah mit einem vorsichtigen Seitenblick auf Derek.
"Or a shopping list", versetzte dieser trocken. "I'm sure they were looking for something completely different. Did they take a hair brush or something away with them?"
"Yes." Caroline blickte ihren Mann erstaunt an.
"They were looking for DNA. I wonder ... is the blood on the jacket really Melissa Stavely's?"
Alle starrten Derek einen Moment an, dann verzog Thomas das Gesicht. "You **can't help showing off** your university education. Melissa can burn in hell, I don't care. I have some work to do. I'm going to the top field."
Während alle ihm sprachlos nachblickten, beugte Sarah sich zu ihrer Schwester hinüber. "Was ist denn zwischen den beiden los? Was meint Thomas?", flüsterte sie so leise, dass es niemand anderes hören konnte.
"Er nimmt Derek immer noch sein Studium übel. Russische Literatur. Ich erkläre es dir später."
Sarah lächelte. Ein studierter Bio-Farmer mit Vorliebe für russische Schwermut. Das war in der Tat ungewöhnlich. Thomas verachtete seinen Bruder offenbar dafür. Oder war es Neid? Glaubte er, Derek halte sich für etwas Besseres – und hatte er möglicherweise recht damit? Sarah beschloss, ihre Schwester bei Gelegenheit nach diesem schwelenden Groll zwischen den Brüder zu fragen. Jetzt aber schweiften ihre Gedanken noch einmal zu Melissas Verschwinden.
"How strange! There were no personal things besides the

---

sb. can't help doing sth. [ˌkɑːnt help ˈduːɪŋ] jd. kann nicht anders, als etw. zu tun **to show (showed, shown) off** [ʃəʊ / ʃəʊd / ʃəʊn ˈɒf] angeben clothes in her cottage", bemerkte sie nachdenklich. "Melissa comes from Manchester. Do you know anything else about her?"

"Can you remember when she was here for the first time, Caroline?", erkundigte sich Liz. "I'm trying to remember, but my memory **is failing** me."

"Why? As far as I know, it was her first visit to the Lakes."

"No, I'm quite sure I've seen her face and her lovely long hair somewhere before."

"No, **definitely not**." Caroline schüttelte entschieden den Kopf. "It was her first visit to the area."

"She's certainly not an experienced fell walker", stimmte Derek seiner Frau zu, "just think of her lack of preparation."

"Well, this is getting us nowhere. Thomas is right. There's work to do." Liz stemmte die Hände in die Hüften.

Emma nickte ergeben. "Okay, will you wait for just a moment, Sarah?"

Während auch die anderen zurück an ihre Arbeit gingen, schlenderte Sarah in Gedanken versunken über den Hof.

"Sarah? War das Polizei?"

Julia hatte das Kopftuch abgenommen, und Sarah verstand plötzlich, warum man sie nie ohne dieses Accessoire sah. Zipfelige, völlig verschnittene Strähnen standen wirr vom Kopf ab und zeugten von dem halbherzigen Versuch, sich einer offenbar ungeliebten Rastafrisur zu entledigen. Ihr Gesicht war vom Weinen gerötet und ein halb trotziger, halb ängstlicher Ausdruck stand in ihren Augen.

"Derek hat Polizei gerufen? Ich wollte nicht Böses. The dogs love me!" Wieder stiegen Tränen in ihre Augen, offenbar in

---

to fail [feɪl] versagen **definitely not** [ˌdefɪnətlɪ ˈnɒt] ausgeschlossen

der Annahme, der amtliche Besuch gelte ihrer Person. "Will they send me away?"
"Nein, nein", beschwichtigte Sarah, "das hat gar nichts mit dir zu tun, Julia. Derek hat im Moment ganz andere Sorgen als euren Streit. Es geht um Melissa. Sie haben ihre Jacke gefunden und es war Blut daran."
Julia starrte mit weit aufgerissenen Augen an ihr vorbei und gab alle Anstrengungen, auf Deutsch zu antworten, auf. "Melissa was murdered? Oh my God, how awful."
"Nein, nein, wir wissen überhaupt noch nicht, was Melissa zugestoßen ist." Warum nur dachte jeder hier gleich an Mord? "Sie wird immer noch vermisst. Es könnte auch ein Unfall gewesen sein. Die Bergrettung sucht immer noch nach ihr."
"But they found her **corpse**?" Julias Stimme klang zittrig.
"Ihre Jacke. Man hat nur ihre Jacke gefunden."
Julia schien sich ein wenig zu entspannen. "Mein Deutsch ist wirklich sehr schlecht. Ich alles falsch verstanden."
"Nein, dein Deutsch ist prima, ich habe viel zu schnell gesprochen, weil ich selbst so aufgeregt bin." Sarah lächelte aufmunternd. "Aber wieso denkst du, Melissa sei ermordet worden? Hätte jemand dazu Grund gehabt?" Sie sprach bewusst langsam und deutlich, damit Julia sie verstehen konnte.
Das Mädchen zögerte merklich, fand aber offenbar in der fremden Sprache nicht die richtigen Worte. "Well, she **was behaving** strangely, you know. I met her the night I discovered the fire. I was on my way to the dogs."
"Dann stimmt es also, was Caroline mir erzählt hat? Du hast heimlich mit den Hunden in der Nacht trainiert?"

---

corpse [kɔːps] Leiche **to behave** [bɪˈheɪv] sich verhalten

"I had some very good ideas", verteidigte sich Julia, aber sie wagte es nicht, Sarah anzusehen. "And the **results** were really promising."
"Ich habe von Hunden nicht viel Ahnung", winkte Sarah ab. Sie wollte sich nicht in den Streit einmischen. "Wie kommst du auf die Idee, dass Melissa sich merkwürdig verhalten hat?"
"She **was sneaking around** on the farm. What was she looking for? I don't know. But what strange behaviour for a tourist! But then I discovered the fire and forgot about Melissa."
"Wo war das? In der Nähe der abgebrannten Scheune?"
"No, that was near the trophy room."
"The trophy room? Der Trophäen-Raum? Was soll das sein?"
"We call it that because Derek keeps all his **cups** and **accessories** for the dogs there. It's little more than a **cabin**. There's nothing interesting for a stranger in there."
"Weißt du, ob Melissa geraucht hat?"
"I never saw her smoking on the farm." Julia zuckte die Achseln. "Was Melissa some kind of **treasure hunter**? Was she looking for a hidden treasure on the farm?"
"Das halte ich für sehr unwahrscheinlich", antwortete Sarah mit ernstem Gesicht, obwohl ihr eigentlich zum Lachen zumute war.
Julia seufzte. "That's a pity. Caroline needs the money, you know?"

---

result [rɪˈzʌlt] Ergebnis **to sneak around** [ˌsniːk əˈraʊnd] herumschleichen **cup** [kʌp] Pokal **accessories** [əkˈsesərɪz] Ausrüstung **cabin** [ˈkæbɪn] Kammer **treasure hunter** [ˈtreʒə ˌhʌntə] Schatzsucherin

Übung 19: Übersetzen Sie die folgenden Begriffe aus der Geschichte ins Deutsche.

1. blood ______________________
2. evidence ______________________
3. corpse ______________________
4. accident ______________________
5. search dog ______________________
6. chit-chat ______________________

"Ist das wahr? Ihr habt Geldprobleme?" Sarah drehte das Glas mit dem Rotwein, den Caroline ihr eingeschenkt hatte, nachdenklich in der Hand und beobachtete ihre Schwester, die ruhelos im Wohnzimmer des Cottages auf und ab ging. "Ich dachte, Derek hätte als Reiter jede Menge Geld verdient."

"Preisgelder sind eine ziemlich unsichere Sache, vor allem, wenn man davon ein paar hochblütige Pferde, teures Equipment und eine Wohnung in London unterhalten muss, von den horrenden Reisekosten mal ganz zu schweigen. Wir hatten etwas zurückgelegt, um später einen eigenen Trainingsstall zu eröffnen, doch das meiste ist in Dereks Reha geflossen und in die Sanierung der Farm. Im Moment sind wir ziemlich blank. Thomas wollte von Derek Geld leihen und ist furchtbar wütend geworden, als Derek abgelehnt hat. Dabei haben wir im Moment wirklich keinen Penny, den wir verleihen könnten." Caroline spähte zum wiederholten Male nervös nach draußen in die Dämmerung, dann ließ sie die Rollos an den Fenstern herab. "Die beiden Cottages habe ich quasi in Eigenarbeit

ohne Etat renoviert. Ich hoffe, sie bringen in absehbarer Zeit etwas Geld ein."
Sarah beobachtete, wie ihre Schwester ihre ruhelose Wanderung wieder aufnahm.
"Hey, setz dich zu mir und nimm einen Wein, ja?"
"Entschuldige, ich kann einfach nicht abschalten, mir geht so viel im Kopf herum."
"Du denkst immer noch an Melissa?"
"Du nicht?"
"Es ist furchtbar, wenn jemand, den man kennt, so einfach mir nichts, dir nichts verschwindet. Selbst wenn man ihn nur so flüchtig kannte wie ich Melissa", sagte Sarah. "Ich kann nicht aufhören, darüber nachzudenken, ob es etwas geändert hätte, wenn ich ihr Angebot, sie zu begleiten, angenommen hätte. Wenn sie sich nun doch entschieden hat, einen riskanteren Aufstieg zu wählen, und im Regen die Orientierung verloren hat?"
"Ich weiß, was du meinst. Ich habe ständig das Gefühl, ich hätte ihr mehr Hilfe bei der Vorbereitung ihrer Tour anbieten müssen. Wenn sie sich wegen meiner Nachlässigkeit das Genick gebrochen hat, muss ich damit für den Rest meines Lebens klarkommen. Damit und mit dem öffentlichen Klatsch und Tratsch, den wir uns im Moment überhaupt nicht leisten können. Nicht so, wie es um die Farm steht."
Caroline bohrte mit dem Finger imaginäre Löcher in die Sofapolsterung.
"Caro, ich muss dir etwas erzählen." Sarah holte tief Luft, doch ihre Schwester war zu sehr in Gedanken, um den halbherzigen Einwurf zu beachten.
"Ich glaube, Derek geht das alles näher, als er nach außen hin zeigt", fuhr sie fort. "Er ist so angespannt, und dann all diese Streitigkeiten mit seinem Bruder und Julia. Es tut mir

leid, dass du ihn von dieser Seite kennenlernen musst. Er hat sonst viel mehr Humor. Ich dachte, wir hätten das hinter uns."

Statt zu antworten schob Sarah ihrer Schwester ein Glas Wein hin. Zum zweiten Mal verstrich die Gelegenheit, Caroline vom seltsamen nächtlichen Treiben ihres Mannes zu erzählen.

Eight

"Caro, where are you? Liz? Derek? Anybody there?"
Sarah steckte den Kopf durch die Küchentür und schloss geblendet die Augen. Helle Morgensonne flutete durch die großen Küchenfenster und tanzte auf dem honigfarbenen Holz des Küchentischs, als wolle sie alle trüben Gedanken verscheuchen. Ein Zettel mit ihrem Namen war unter eine Kaffeetasse geklemmt, daneben stand eine große, glänzende Thermoskanne.
Sarah lächelte, als sie den Kaffeegeruch wahrnahm und den benutzten Handfilter in der Spüle entdeckte. Ihre Kaffeesucht wurde langsam zu einer Art Running Gag zwischen ihnen. Ihre Mutter hatte behauptet, kein Kaffee der Welt könne besser sein als handgefilterter, zu dem sie immer eine Prise Salz getan hatte. Caro hatte diese Tradition offenbar beibehalten. Aber vielleicht gab es hier auch einfach keine Kaffeemaschine. Langsam faltete sie den Zettel auseinander und las:

Hi little sister,
I didn't want to wake you up, I hope you like the coffee. I still use Mum's old **recipe**. Liz and I want to drive to Keswick this morning to talk to the police (the son of an old friend of Liz's works there, so we hope to get some information) and to do some shopping. We'll be back **in time** for lunch. Do you want to come? The splendid weather is ideal for taking pictures for your book!
Love, Caro

---

recipe ['resəpɪ] Rezept **in time** [ɪn 'taɪm] rechtzeitig

Sarah nippte an ihrem Kaffee und verbrannte sich fast die Zunge, als sie draußen das Geräusch eines Motors hörte. Der alte Land Rover, in dem Liz sie vom Bahnhof abgeholt hatte, rollte vom Hof.

Sarah ließ ihren Kaffee stehen und stürmte nach draußen, immer mehrere Verandastufen auf einmal nehmend.

Sie schwenkte ihre Jacke und schrie, so laut sie konnte, um das Rattern des Motors zu übertönen: “Hey, wait for me! Stop! Wait!”

Der Wagen, der schon fast am Ende der Auffahrt angekommen war, wurde langsamer, und Caros kupferner Lockenschopf erschien im Beifahrerfenster. Nein, im Fahrerfenster, korrigierte Sarah sich. Linksverkehr.

“Hallo, du Langschläferin! Willst du uns begleiten?”

“Wenn es euch nichts ausmacht?”

“Red keinen Unsinn und spring rein.” Caro grinste. “Aber ich warne dich, es sieht hier drin nicht eben aufgeräumt aus.”

“Hätte mich das je gestört?” Sarah hatte plötzlich wieder lebhaft die Studentenbude vor Augen, die sie mit ihrer Schwester geteilt hatte. Sie musste ein paar alte Hundedecken und einen nagelneuen Spaten beiseite schieben und die Knie anziehen, um sich auf den Rücksitz quetschen zu können.

Übung 20: Vervollständigen Sie die Begriffe aus dem "Murder in the Night"-ABC. Die Zahl der Buchstaben ist vorgegeben.

1. I stands for _ _ _ _ _ _ _ _ _ _ _ _ – this is what Julia is looking for in Germany.
2. J stands for _ _ _ _ _ _ – they found Melissa’s on the fells. It was bloody.

3. K stands for _ _ _ _ _ _ _ _ – a town in the Lake District famous for its pencils.
4. L stands for the _ _ _ _ District – the area where Caroline lives.
5. M stands for _ _ _ _ _ _ _ _ – the missing woman.
6. N stands for _ _ _ _ _ _ _ _ _ _ – your nearest one is very far away in many isolated places in the Lake District.
7. O stands for _ _ _ _ _ _ _ _ – the wool from Derek and Caroline's sheep is 100 % like this.
8. P stands for _ _ _ _ _ _ _ _ _ _ – Caro doesn't need these because the sheep graze on the fells.

Liz, die für den Besuch in der Stadt wieder ihr Tweedkostüm trug, wandte sich zu ihr um und deutete auf die kleine Fototasche, die an Sarahs Seite baumelte.
"Morning, Sarah! How **clever** of you to bring your camera this morning. You'll definitely need it in Keswick. The town centre is lovely and it's only a short walk from there to Friar's Crag with its famous view of Derwentwater."
"Vielleicht schaust du mal bei der Touristeninformation vorbei; sie ist in der alten Moot Hall am Marktplatz untergebracht, und schon das Gebäude ist wirklich schön. Das Bleistiftmuseum ist auch einen Besuch wert. Wusstest du, dass wir hier den längsten Bleistift der Welt haben?"
"Klingt vielversprechend", stimmte Sarah zu, die nicht

---

clever ['klevə] schlau

abgeneigt war, sich durch ein paar touristische Attraktionen von der Anspannung auf der Farm ablenken zu lassen. "Trotzdem ist das alles nichts gegen die Landschaft rundum. Ich lebe jetzt schon eine ganze Weile hier, aber an manchen Tagen raubt mir der Ausblick auf Helvellyn und Saddleback immer noch den Atem. Vielleicht ist es diese Mischung aus Schönheit und Unermesslichkeit, die einen ein Leben lang nicht mehr loslässt."

"Wow." Sarah starrte ihre Schwester an. "Ich wusste nicht, dass du so eine Poetin bist."

Caroline lachte verlegen. "That's what this area does to you. Did you know that Helvellyn was Wordsworth's favourite mountain?"

"No. Why don't you write the text for my book?"

Zu ihrem Erstaunen wurde Caroline rot wie eine Tomate und wandte abrupt den Kopf ab. "We're almost there. Let's meet again in two hours, okay?" Sie bot nicht an, dass Sarah sie und Liz begleiten könne, und nach kurzem Zögern verzichtete Sarah darauf zu fragen. Sie griff nach ihrer Kameratasche und nickte.

"Okay."

Caroline hatte als Treffpunkt die alte Moot Hall im Zentrum der Altstadt gewählt, die über die Jahrhunderte Markt, Gericht, Rathaus, Gefängnis und noch einiges mehr gewesen war und inzwischen die Tourismuszentrale beherbergte.

Sarah kam ein paar Minuten zu früh, sie wollte noch Bilder des historischen Gebäudes mit dem auffälligen, zweifarbigen Turm machen. Zu ihrer Überraschung wartete Caroline bereits auf sie. Sarah konnte schon von Weitem sehen, dass etwas nicht in Ordnung war. Sie haben Melissas Leiche gefunden, schoss es ihr durch den Kopf. Sie musste sich zwingen, nicht loszurennen, trotzdem rang sie nach Atem, als sie bei ihrer Schwester ankam.

"Neuigkeiten?"

Caroline nickte. "Ja, aber keine guten."

Also doch eine Leiche, dachte Sarah, obwohl Caroline eigentlich nicht verzweifelt wirkte, sondern eher verwirrt.

"Sie haben Melissa gefunden?"

"Nein, eben nicht."

"Have you told her?" Von Sarah unbemerkt, war Liz hinter ihrer Schwester aufgetaucht. Es war Sarah ein Rätsel, wie sie es fertiggebracht hatte, neben all ihrer Arbeit und der zusätzlichen Aufregung auf der Farm für den Besuch bei der Polizei wieder perfekt frisiert zu sein. Vermutlich hat sie auf ihren Lockenwicklern geschlafen, dachte Sarah und schauderte bei dem bloßen Gedanken an diese Tortur.

Caro wandte sich wieder ihrer Schwester zu.

"Perhaps she never **existed**", sagte Caro. "Nobody named Melissa Stavely **is on the register** anywhere – no telephone number, no **driving licence**. That woman is a **ghost**. Nobody seems to miss her."

"They found that out in one day?" Sarah war ehrlich beeindruckt.

"Computers. Don't ask an old woman like me how they do it."

"So Melissa Stavely is a false name", resümierte Sarah nachdenklich. Sie war ehrlich überrascht. Trotz deren leicht ag-

---

to exist [ɪg'zɪst] existieren **to be on the register** [biː ɒn ðə 'redʒɪstə] gemeldet sein **driving licence** ['draɪvɪŋ ˌlaɪsns] Führerschein **ghost** [gəʊst] Geist

gressiven Art hatte sie Melissa gemocht. Was brachte eine solche Frau dazu, eine falsche Identität anzunehmen?
"A false name?", echote Caroline.
"It's the only **explanation**!"

Übung 21: Was wissen Sie über Melissa? Unterstreichen Sie die passende Alternative.

1. She came to the fells *(to walk/to take pictures/to help Caro).*
2. She has *(blonde/red/dark)* hair.
3. She is a *(wimp/modern woman/grandmother).*
4. She is *(a photographer/self-employed/a farmer).*
5. The police have found her *(corpse/locket/jacket).*
6. She gave *(her married name/a false name/no name).*

"You are right! Why didn't I think of that? Melissa Stavely, of course! Staveley!"
"Sorry?" Jetzt war es an Sarah, Liz verwundert anzustarren.
"Well, she came here by train, just like you. One of the train stations between Kendal and Windermere is called Staveley. Stavely – Staveley!"
"Dann hat sie sich den Namen also erst auf dem Weg hierher ausgedacht?", fragte Caroline. "Kein Wunder, dass sie es nicht eilig hatte, den Anmeldebogen mit ihren Personalien auszufüllen! Ich sollte langsam wohl wirklich mehr Menschenkenntnis haben, aber ich hätte sie nie im Leben für eine Zechprellerin gehalten." Sie bemerkte Liz' fragenden Blick.
"What about you, Liz?"

---

explanation [ˌekspləˈneɪʃn] Erklärung

"There's more to it than that", wandte Sarah ein.
"Your sister's right. She had only just arrived. Why should she **disappear immediately**?"
"Vielleicht hatte sie jemand erkannt", dachte Sarah laut. "Perhaps she met somebody who knew her."
"Well, I still think I've met her somewhere before", beharrte Liz. "But her name definitely was not Stavely."
"Did Derek know her perhaps? Had he met her before? Maybe at a three-day event?", erkundigte Sarah sich so taktvoll wie möglich.
"Mmm ... I don't think so. I went with him to quite a few of these events before his accident. Caroline had to go to a lot of weekend courses to complete her **teaching certificate**. And Melissa couldn't ride – I asked her about that." Die alte Dame zuckte die Schultern.
"She was lying", warf Sarah erstaunt ein. "She **owns a couple of** horses at the very least."
"How do you know?"
"She was talking about 'her babies' after the welcome dinner. She was a bit drunk at the time. She had 'babies' with four legs and they could jump. She was talking about horses."
"What else did she say?"
"Not much, but maybe she even had her own **stables**."
Caro pfiff leise durch die Zähne. "So she can definitely ride, Liz, and **presumably** quite well. What do you think? Did you meet her at one of Derek's riding events?"

---

to disappear [ˌdɪsəˈpɪə] verschwinden **immediately** [ɪˈmiːdɪətlɪ] sofort **teaching certificate** [ˈtiːtʃɪŋ səˌtɪfɪkət] Lehrerprüfung **to own sth.** [əʊn] etw. besitzen **a couple of** [ə ˈkʌpl əv] ein paar **stable** [ˈsteɪbl] Stall **presumably** [prɪˈzjuːməblɪ] vermutlich

"I don't know. I have to think about it." Die alte Frau sah plötzlich verwirrt aus.
"So let's get back to the farm", schlug Caroline vor. "Was hältst du von Keswick, Sarah? Hast du ein paar lohnende Motive gefunden?"
"Das ist wirklich eine bezaubernde kleine Stadt. Wie aus einem Beatrix-Potter-Buch."
"Kein Wunder. Beatrix Potter hat ganz in der Nähe gelebt. Wusstest du, dass Sie eine richtige Farmerin war? Man kann ihre Farm in Sawrey besichtigen. Das wäre doch sicher etwas für dich."
"Klingt verlockend."
"Aber?" Caro musterte ihre Schwester aufmerksam. "Komm schon, Sarah, diesen Tonfall kenne ich doch von früher."
"Ich schätze, ich bin einfach noch nicht in Ferienstimmung." Und sie hatte gehofft, die Stadt und ihre Umgebung mit ihrer Schwester zusammen zu erkunden. Doch das behielt Sarah lieber für sich.

Der Großteil der Rückfahrt verlief schweigend, doch kurz bevor sie die Farm erreichten, fasste Liz Hebblethwaite, die wie zuvor auf dem Beifahrersitz saß, nach Carolines Arm. "Stop!"
"Sorry?"
"Stop. I have to tell you something, Caro."
"Now?" Caroline zögerte, doch dann lenkte sie den Wagen vorsichtig an den Straßenrand. "Have you remembered something? Something about Melissa?"
"No, it isn't. She was with Derek."
Eine unbehagliche Stille machte sich im Auto breit, dann räusperte Sarah sich.
"You're sure it was Melissa Stavely?"

"The human brain is a strange thing, love, especially at my age, and sometimes it's better not to remember things." Die alte Dame seufzte tief. "It's not pleasant. My own grandson is a **liar**."
"So Derek knew her. He was fooling us the whole time? No! Sorry Liz, you are wrong. It isn't the same woman." Eine steile Falte zeigte sich auf Carolines Nasenwurzel.
"I'm sorry, Caroline. Hopefully Derek has a good explanation for this. But I saw him talking to her at one of the last three-day-events before his accident. They **were on** quite **familiar terms with** each other. Like old friends. She had beautiful hair. And she was quite **cheeky**."
Caroline starrte aus dem Wagenfenster, aber Sarah war sich ziemlich sicher, dass sie den atemberaubenden Ausblick auf Helvellyn, der sich ihnen bot, nicht wahrnahm.
"Ich kann das nicht glauben. Das ist doch absolut lächerlich. Warum sollte er mir eine alte Freundin nicht vorstellen?" Sie fuhr sich mit dem Handrücken über die Nase.
"Weil sie eben keine alte Freundin war", sagte Sarah so sanft wie möglich, und dann gab sie sich einen Ruck. Jetzt oder nie.
"I saw Derek and Melissa in the orchard together, the night after my arrival. They **were shouting**", sagte sie und berichtete in knappen Worten, wie sie unabsichtlich ein streitendes Paar belauscht hatte.
"Were they quarrelling?"
"Yes, Derek wasn't pleased to see her. He talked about money."

---

liar [ˈlaɪə] Lügner **to be on familiar terms with sb.** [biː ɒn fəˌmɪlɪə ˈtɜːmz wɪð] mit jdm. auf Du und Du stehen **cheeky** [ˈtʃiːkɪ] frech **to shout** [ʃaʊt] schreien

"**Was** she **blackmailing** him?"
"I have no idea. **According to** Julia, Melissa was sneaking around the farm at night. She was not just a **harmless** visitor, Caro, and Derek knew something about her." Sie holte tief Luft und erzählte, wie sie nachts wach geworden war und Derek dabei überrascht hatte, dass er Melissas Cottage durchsuchte.
"He burnt something in the garden afterwards, but I have no idea what it was", schloss sie schließlich bedrückt ihren Bericht.
"Kannst du mir genau zeigen, wo Derek diese Papiere verbrannt hat?"
Sarah war sich nicht sicher, ob sich der Zorn ihrer Schwester gegen sie oder ihren Mann richtete.

Übung 22: Beantworten Sie die folgenden Fragen.

1. What are Melissa's "babies"?

____

2. Who did Liz see Melissa with at the last three-day event?

____

3. Who saw Melissa sneaking around the farm?

____

4. Which famous children's writer lived near Keswick?

____

---

to blackmail sb. ['blækmeɪl] jdn. erpressen **according to** [ə'kɔːdɪŋ tə] zufolge **harmless** ['hɑːmləs] harmlos

5. What town did Melissa choose as a name?

____

6. What piece of clothing did the police find on the fells?

____

"Ich würde mir keine zu großen Hoffnungen machen", begann sie, doch Caroline unterbrach sie ungehalten.
"Den genauen Platz, Sarah. Gleich!" Damit trat sie das Gaspedal so heftig durch, dass Sarah und Liz sich an ihren Sitzen festhalten mussten.

"Here it is." Sarah stieß mit dem Fuß gegen die metallene Tonne im Gemüsegarten, als wolle sie ihr einen Tritt versetzen. Nach Carolines Ausbruch war der Rest der Fahrt in brütendem Schweigen verlaufen, und sie alle waren froh gewesen, als bald darauf Helvellyn Farm in Sicht kam. Caroline begann fieberhaft in den Ascheresten zu wühlen, und Sarah musste sich gewaltig zusammennehmen, um ihre Schwester nicht zu packen und zu schütteln, damit sie endlich von der fixen Idee abließ, die sich offenbar ihrer bemächtigt hatte.
"You won't find any...", begann sie, dann verstummte sie verblüfft. Mit einem triumphierenden Aufschrei hielt Caroline einen verkohlten Fetzen Papier hoch.

Nine

"What's this going to be – the Spanish inquisition?" Belustigt und verärgert zugleich ließ Derek Hebblethwaite den Schraubenschlüssel sinken. Der himmelblaue Traktor, dem seine Fürsorge gegolten hatte, war fast schon ein Oldtimer, aber jemand hatte viel Zeit und Liebe investiert, um ihm etwas von seinem alten Glanz wiederzugeben. Dereks Blick wanderte von seiner Frau zu Sarah, die sich schon lange nicht mehr so unwohl in ihrer Haut gefühlt hatte. Caro umfasste Sarahs Handgelenk wie mit einer Stahlklammer und machte so alle Versuche, sich diskret zurückzuziehen, zunichte.

"Tell me about Melissa Stavely", wiederholte Caroline. Ihre Stimme klang fremd, distanziert, nicht wie die der Schwester, die Sarah kannte. Gekannt hatte, dachte sie, und da war er wieder, dieser kleine, schmerzhafte Stich.

Dereks Hand hinterließ einen Schmierölstreifen auf seiner Stirn, als er sich die Haare aus den Augen wischte. "What's up, Caroline? I don't know any more than the rest of you."

"I don't believe you. You had met Melissa before and I know about your little chat in the orchard. Sarah heard the two of you. What about you and Melissa? Is she your lover?"

"She's an old friend in trouble, that's all. I have a few friends. Is that a problem?" Der verächtliche Ton in seine Stimme erschreckte Sarah. Die Spannung zwischen den beiden war nicht zu übersehen gewesen, aber erst jetzt realisierte sie, wie es wirklich um die Ehe ihrer Schwester stand.

"A really attractive old friend. Don't try to **fool** me again, Derek, why didn't you tell me about her?"

---

to fool sb. [fu:l] jdn. zum Narren halten

"Because I know you. You are as **jealous** as a teenager."
"Jealous? Of course I am. I'm your wife, Derek! A marriage is all about **trust**. Do you see that?" Carolines Stimme nahm einen resignierten Ton an. "No, you don't know, and that hurts me most. And we've been through so much together."
In Dereks Gesicht arbeitete es, und als er wieder zu sprechen ansetzte, war die verletzende Schärfe aus seiner Stimme verschwunden. "I'm sorry, Caro. I didn't want to hurt you."
Er fasste Caroline am Kinn und zwang sie, ihn anzusehen, aber es lag mehr Liebkosung als Zwang in der Geste. Was für ein kluger Schachzug, dachte Sarah. Ihre Schwester hatte Widerspruch erwartet, heftiges Leugnen. Die Verunsicherung über dieses Beinahe-Eingeständnis war ihr deutlich vom Gesicht abzulesen.
"She is your **former** lover. I don't think I can't stand any more lies, Derek. And I know about the letter too." Wie zur Bestätigung hob Caroline die verkohlten Reste des Briefes hoch, den sie aus der Aschetonne gefischt hatte. Ihre Hand zitterte so stark, dass Sarah fürchtete, die Überreste müssten im nächsten Moment zu Asche zerfallen. Sie hatte nicht gelesen, was darauf stand, aber das Gesicht ihrer Schwester hatte ihr genug verraten.
Dereks Miene dagegen blieb für einen Moment völlig ausdruckslos. Wieder fiel Sarah auf, wie schwer sie ihn einzuschätzen vermochte. Falls er zornig war, hatte er seine Gefühle gut im Griff. Sorgsam, fast umständlich legte er den Schraubenschlüssel auf einen der riesigen, himmelblauen Radkästen.

---

jealous ['dʒeləs] eifersüchtig **trust** [trʌst] Vertrauen **former** ['fɔːmə] ehemalig

"Her real name's Melissa Golding", sagte er schlicht. "She's from Manchester. We had an **affair** – but it finished a long time now. I can't explain it. I have changed since the accident. I don't fully understand it myself – everything has changed. Other things suddenly became more important." Derek streifte das Gesicht seiner Frau mit einem raschen Blick, so als wolle er sich vergewissern, dass sie ihm noch zuhörte, doch Caroline starrte verbissen auf die Spitzen ihrer groben Schuhe.

Übung 23: Setzen Sie die richtige Form der Vergangenheit *(Simple Past)* ein und bilden Sie Aussagesätze, Fragen und Verneinungen.

"It **1.** *(to be)* ________________ over, but Melissa **2.** *(to not accept)* ________________ it. She **3.** *(to start)* ________________ writing letters and calling me. **Luckily** you **4.** *(to not find)* ________________ any of her letters. But I **5.** *(to have)* ________________ no idea about her plans. It **6.** *(to be)* ________________ a surprise to see her here on the farm. I **7.** *(to not know)* ________________ what to do, so I just **8.** *(to avoid)* ________________ her for as long as I could."

Sarah fiel das Abendessen am Abend ihrer Ankunft wieder ein. Derek hatte die Hunde vorgeschoben, um nicht daran

---

affair [ə'feə] Affäre **luckily** ['lʌkɪlɪ] glücklicherweise teilnehmen zu müssen – um Melissa nicht begegnen zu müssen, das begriff sie jetzt.

"What did she want?"

"She had romantic ideas about our relationship. She talked about 'our future together'. But there was no such thing as a 'future' for us, and she got angry."

Was hatte Melissa am Abend vor ihrem Verschwinden gesagt? "We never spend enough time with those we love. And suddenly it's too late." Sicher, sie war betrunken gewesen, aber sie hatte es ohne Zweifel ernst gemeint. Ihr Besuch hier musste ein letzter, verzweifelter Versuch gewesen sein, Derek doch noch für sich zu gewinnen. Wie mochte sie sich gefühlt haben, als er sie abwies? War ihr Zorn vielleicht nur Fassade gewesen, war sie verzweifelt genug, sich selbst etwas anzutun? Und wie hatte es in Derek ausgesehen, als sie sich weigerte zu gehen?

"Melissa doesn't give up easily. I liked that about her. And she had a **wicked sense of humour**."

"So she didn't want to leave?"

"No."

"What did you do?" Carolines Stimme hatte wieder den unbeteiligten, weit entfernten Klang angenommen.

Derek hob die Schultern. "What could I do? I just waited and hoped I could **talk** some **sense into** her."

Sarah erinnerte sich an Melissas Aufschrei im Obstgarten. War Derek vielleicht doch handgreiflich geworden, um seiner Position Nachdruck zu verleihen?

"Was she blackmailing you?"

---

wicked ['wɪkɪd] abgefahren **sense of humour** [ˌsens əv 'hjuːmə] Sinn für Humor **to talk sense into sb.** [ˌtɔːk 'sens ɪntə] jdn. zur Vernunft bringen

"She **threatened** to tell Caroline. She didn't want my money. She is quite **well-off**."
"What about that letter?"
"She wanted her letters back. I agreed."
Konnte er wirklich so naiv sein? Sarah fielen ein Dutzend Gründe ein, einer eifersüchtigen Frau ihre Liebesbriefe nicht zurückzugeben, und plötzlich war sie sicher, dass auch das durchweichte Papier, das die Polizei in Melissas Jacke gefunden hatte, einer der besagten Briefe gewesen war. Hatte Melissa ihn mitgenommen, weil sie beabsichtigte, ihrem Leben ein Ende zu setzen? Andererseits hatte sie auf Sarah wie eine Kämpfernatur gewirkt, nicht wie eine Frau, die an gebrochenem Herzen starb. Eines jedenfalls war sicher: Derek Hebblethwaite, dieser Mann, der mit Hunden und Pferden umzugehen wusste wie kein Zweiter, hatte nicht die geringste Ahnung von Frauen.
"Did you ..." Caroline rang nach Worten.
Derek starrte seine Frau ungläubig an. "What? I didn't harm her. Caro, it's me, Derek. You know I couldn't **harm** anyone!" Dereks Stimme war plötzlich heiser. "God, of course I didn't kill her."
"Someone did. All that blood on her jacket ..." Caroline schauderte. "I don't know you any more, Derek. You have changed. You **were yelling at** poor Julia this morning."
Derek streckte die Hand nach seiner Frau aus, doch diesmal wich sie zurück.
"I was just **desperate**, I didn't want you to find out. I didn't want to hurt you, Caro. Please believe me." Die spöttische,

---

to threaten ['θretn] drohen **well-off** [ˌwel'ɒf] wohlhabend **to harm sb.** [hɑːm] jdm. etw. antun **to yell at sb.** ['jel ət] jdn. anbrüllen **desperate** ['despərət] verzweifelt leicht überlegene Art, die Sarah an Derek in gleichem Maße anzog wie abstieß, war wie weggewischt, und mit einem Mal tat er ihr leid. Vor dem Unfall, das musste für Derek Hebblethwaite so sein wie ein anderes Leben. Er hatte das getan, wovon viele Menschen nur träumten, noch einmal ganz von vorne angefangen. Was davor gewesen war, war für ihn nicht mehr wichtig, und nun konnte er nicht begreifen, warum es für andere immer noch von Bedeutung war.

"Caro, listen to me! I'm sure Melissa is still alive. Will you just listen to me for a moment?"

Doch auch diesmal entzog Caroline sich seiner Berührung, und was immer Derek noch über Melissas Verschwinden hatte äußern wollen, blieb ungesagt.

"Please, Derek, just leave me alone. I need time to think." Damit drehte sie sich um und stürzte davon. Sarah fühlte Dereks vorwurfsvollen Blick auf ihrer Stirn wie ein Kainsmal. Ohne deine Schnüffelei, sagte dieser Blick, wäre das alles nicht passiert. Sie drehte sich mit einem Ruck um und folgte ihrer Schwester nach draußen.

Caroline saß im Land Rover und kämpfte mit der widerspenstigen Zündung. Ihr Gesicht war nass von Tränen.

"Caro? Wo willst du hin?"

"Ich muss raus hier. Sag Liz Bescheid und Emma und ..." Die Worte kamen hart und schnell, dann brach sie wieder in Tränen aus.

Sarah rutschte auf den Beifahrersitz. "Schhhhh. Es kommt alles wieder in Ordnung", flüsterte sie. Sie hatte nur keine Ahnung, wie. Vielleicht hatte Derek ja recht und sie hatte mit ihrer Einmischung alles vermasselt.

"Wieso fühle ich mich in seiner Gegenwart immer, als wäre alles meine Schuld? Als hätte ich ihn in Melissas Arme getrieben?” Caros Stimme klang dumpf hinter ihren Armen hervor. “Und jetzt bin ich das Miststück, das dem reuigen Ehemann nicht verzeihen will. Warum kann ich nicht normal mit ihm reden, Sarah?”

Weil du nicht so kompliziert bist, nicht so intellektuell und gar nicht spitzfindig, dachte Sarah, aber sie sprach es nicht laut aus. Irgendwo in ihrem Inneren kämpfte der Groll auf den Mann, der ihre Schwester unglücklich gemacht hatte, mit dem irrwitzigen Gefühl, dass es gerade diese Eigenschaften waren, die ihr unerklärlicherweise an Derek Hebblethwaite gefielen.

Sie streichelte Caroline, bis deren Tränen irgendwann versiegten.

“Begleitest du mich?”

“Ich weiß ja noch nicht einmal, wohin du willst”, sagte Sarah mit einem vorsichtigen Lächeln.

“Zu einer guten Freundin. Hannah wird sich freuen, dich kennenzulernen, sie hat nicht oft Besuch. Es ist nicht weit bis zu ihrer Farm, sie lebt allein.” Caroline erwiderte das Lächeln und wischte sich ein paar Tränen aus den Augen, aber Sarah schüttelte den Kopf. Der Gedanke, hier alles hinter sich zu lassen, war verlockend, aber es fühlte sich nicht richtig an. Davonzulaufen war auch nicht Caros Art. Nicht die der Caro, die sie kannte.

“Danke für das Angebot, aber ich glaube, ich sollte hierbleiben.”

Ihre Schwester sah enttäuscht aus. “Ich dachte, wir könnten die alten Zeiten wieder aufleben lassen. Nur wir beide, du und ich.”

Sarah umarmte Caro kurz und heftig. “Wenn du willst, wird es wieder wie früher. Wir stehen das gemeinsam durch, in Ordnung?”

Einen Moment schien es, als wolle Caroline es sich überlegen und wieder aussteigen, doch dann startete sie den Motor erneut, und diesmal hatte der Wagen Erbarmen mit ihr. Sarah glitt vom Beifahrersitz und winkte, bis der Land Rover zwischen den Bäumen verschwunden war. Sie verstand sich selbst nicht mehr. Was in aller Welt hatte sie dazu gebracht, Caros Einladung auszuschlagen, die Einladung, wieder an ihrem Leben teilzunehmen, auf die sie die ganze Zeit gewartet hatte?
Ärgerlich kickte sie einen Stein zur Seite und schlug dann den Weg zum Farmhaus ein.

Übung 24: Welche Aussage ist richtig? Kreuzen Sie die zutreffenden Sätze an.

1. ☐ Derek thinks Melissa is dead.
2. ☐ Caroline is jealous.
3. ☐ Derek tries to apologize.
4. ☐ Caroline didn't find Melissa's letter.
5. ☐ Derek doesn't know Melissa's real name.
6. ☐ Derek avoided Melissa at the farm for as long as possible.

Erst später, im Cottage, wo sie halbherzig und unkonzentriert versuchte, ein paar Textentwürfe für ihr Buch zu Papier zu bringen, sickerte der Gedanke in ihr Bewusstsein, dass sie von ihrem Schwager mehr erfahren hatten als die Tatsache, dass Derek seiner Frau untreu gewesen war. Derek hatte ihnen Melissas wahren Namen geliefert. Und ein erstklassiges Motiv für einen Mord. Seufzend schob Sarah Papier und Stift beiseite und begann die Fotos, die sie seit ihrer Ankunft gemacht hatte, auf ihren Laptop zu überspielen. Doch auch hier schienen sie die vorwurfsvollen Gesichter der Familie zu verfolgen. War da nicht eine Spur von Missbilligung in Carolines von den Anstrengungen der Schafschur angespanntem Gesicht? Blickte Derek beim Training mit den Hunden nicht noch spöttischer als üblich? Sogar die sonst so sanfte Emma schien mit ärgerlich gerunzelter Stirn direkt in die Kamera zu starren – oder ging jetzt ihre überreizte Fantasie vollständig mit ihr durch? Sarah seufzte erneut, als sie erkannte, dass sie auf die Bilder des streitenden Pärchens starrte, die sie in Kendal aus dem Zug heraus aufgenommen hatte, und dass die Frau darauf trotz des hübschen Pullovers und einer oberflächlichen Ähnlichkeit kaum Emma sein konnte. Mit einem ärgerlichen Ruck klappte sie den Laptop zu.

"We have to tell the police." Sarah blickte Liz Hebblethwaite forschend an. Die alte Frau schnitt sorgfältig ein Büschel Kräuter – Sarah mit ihrem beschränkten gärtnerischen Wissen hielt es für Petersilie – und richtete sich dann mit ein wenig steifem Rücken auf.
"What do you want to tell them? My grandson had the best motive to kill Ms Golding!"
"They have to know her real name", insistierte Sarah. "We can't keep this to ourselves."
"They'll want to know how you found out. Then they **will arrest** Derek for **murder**, my dear. I've known him all his life. He is a difficult person and not easy as a husband, but believe me, he's not a **murderer**."
"I believe you", sagte Sarah ruhig, und zu ihrer eigenen Überraschung tat sie es wirklich. Egal, wie sie und Derek zueinander standen – wenn sie ehrlich war, hatte sie nicht

---

to arrest sb. [ə'rest] jdn. verhaften **murder** ['mɜːdə] Mord **murderer** ['mɜːdərə] Mörder die geringste Ahnung, wie sie zueinander standen –, ihr Schwager hatte aufrichtig gewirkt, als er Caroline versicherte, er habe Melissa kein Leid zugefügt. Auch wenn sie sich bei ihm nie sicher war.

"Tell them you remembered meeting Melissa before. We needn't say anything about Derek's affair", schlug sie vor, während sie ihre Schritte an die von Liz anpasste, die langsam auf das Haus zusteuerte.

"Do you think that will work?" Die alte Frau gestattete sich ein feines Lächeln. Sarah blickte sie forschend an. "You mustn't talk about this to anybody", drängte Liz. "It's just for a few days, Sarah. Derek is not responsible for Melissa's **disappearance**." Sie fasste Sarah beschwörend am Handgelenk. "I'm sure Melissa **will turn up** again. The police will discover some evidence somewhere."

Sarah schüttelte den Kopf. "But they don't know her real name."

"Well, then we'll have to find her ourselves. You are a clever girl, Sarah. You have already found out so much."

Sarah hob mit einer abwehrenden Geste die Hände. "Only **unimportant** things. Besides, it was **pure coincidence** – and **luck**. This is police work, I don't want to be a detective."

"Think about it, please!"

Sarah musste lächeln; einfach undenkbar wäre eine solche Aufforderung in ihrem hanseatischen Elternhaus gewesen. Zu oft hatte ihre angeborene Neugier sie in alle Fettnäpfchen tappen lassen. Aber hier ging es um Menschenleben, sagte sie sich, nicht um ein Kinderspiel.

---

disappearance [ˌdɪsəˈpɪərəns] Verschwinden **to turn up** [ˌtɜːn ˈʌp] auftauchen **unimportant** [ˌʌnɪmˈpɔːtnt] unwichtig **pure** [pjʊə] rein **coincidence** [kəʊˈɪnsɪdəns] Zufall **luck** [lʌk] Glück

"Just for a few days. Then we'll tell the police everything we know", drängte Liz. Sie wollte Zeit gewinnen, Zeit für ihren Enkelsohn, das verstand Sarah. Deshalb stimmte sie schließlich zu, und ihre Stimme klang nicht so widerstrebend, wie sie es angesichts der Umstände selbst vermutet hätte.

"What about Derek? Should I talk to him? He was very angry with me. I'm afraid he blames me."

"He's very upset." Es war etwas in Liz' Stimme, das Sarah aufhorchen ließ.

"Where is he now?"

"He is outside in the kennels talking to his dogs, I suppose."

Sarah verspürte zu nichts weniger Lust, als dort hinaus zu gehen und sich mit einem Mann zu unterhalten, der sie für seine Eheprobleme verantwortlich machte und vermutlich zum Teufel wünschte. Trotzdem gab sie ihrer Stimme einen leichten, unbefangenen Klang. "Why don't we start with him?"

Sie waren an der Verandatreppe angekommen und Liz stützte sich schwer auf das Geländer. "You're not making it easy for me, Sarah. It's not a good time to talk to Derek, believe me."

"Why?"

"He's drunk."

"He's got a drinking problem too?" Sarah machte aus ihrem Erstaunen keinen Hehl. Sie hatte ganz selbstverständlich angenommen, dass es nur ein Familienmitglied mit einem Alkoholproblem gab.

"No, but he still has to take **drugs** for his back pain and it isn't good to **mix** them with alcohol. He shouldn't drink

---

drug [drʌg] Medikament **to mix sth.** [mɪks] etw. mischen

anything. Usually he doesn't – but today ... I just hope he doesn't meet Thomas." Ihr Blick sagte deutlich genug, was passieren würde, wenn die beiden Brüder in diesem Zustand aufeinandertrafen.
"There will be **plenty** of time to speak to him tomorrow. He won't go anywhere in that condition. And I'm sure Caroline will be back by then."

Übung 25: Welches Wort passt nicht in die Reihe?

1. sheep, horse, dog, animal
2. Helvellyn, Lake Windermere, Striding Edge, Langdale Pikes
3. cottage, farm, barn, train
4. recipe, salt, eggs, meat
5. locket, cup, trophy, prize
6. path, ridge, summit, doll

---

plenty ['plentɪ] reichlich

Ten

Das Wetter am nächsten Morgen war warm und trocken. Ideales Wetter für die Schafschur, dachte Sarah, als sie vor die Tür trat, aber definitiv kein Schafswetter. "Sheep weather", so hatte ihr Caroline erklärt, war unter den australischen Züchtern der Begriff für so ungemütliche Wetterbedingungen, dass die Tiere in Sicherheit gebracht werden mussten. Vergeblich suchten ihre Augen den Hof nach Carolines Land Rover ab. An seiner Stelle parkte jetzt ein altersschwacher Transporter, dessen Ladefläche mit Heuballen beladen war. Sarah versuchte ihre Enttäuschung zu verbergen. Liz Hebblethwaite las ihr die ungestellte Frage dennoch vom Gesicht ab, als sie die Küche betrat.
"She's not back yet", erklärte sie, während sie ein kleines Porzellangefäß in einem Topf mit kochendem Wasser versenkte.
"And where's everybody else?" Sarah blickte sich in der Küche um. Nur Julia hockte, verlegen in ihre Tasse blickend, in einer Ecke und sah wie üblich niemanden an.
"Emma's looking for Thomas. He wasn't very well last night. Derek didn't show up either."
Sarah wusste mittlerweile recht gut, was es bedeutete, wenn es Thomas "nicht gut" ging. Sie verkniff sich vorerst die Frage, ob es am Abend zu einer erneuten Auseinandersetzung zwischen den Brüdern gekommen war.
"Julia, dear, could you go upstairs and call for Derek, please? My knee isn't so good this morning. **Damn** arthritis."
Julia bewegte sich nicht, sondern rührte weiter in ihrer Tasse.

---

damn [dæm] verdammt

"Julia, are you dreaming?"
"Derek's still angry with me", murmelte das Mädchen.
"You can't **avoid** him forever, dear. Just knock on his door and tell him that breakfast is ready."
Julia erhob sich sehr langsam von ihrem Stuhl und schlurfte davon.
"Do you want an egg from the **egg coddler**?" Liz fischte das verschraubte Porzellangefäß geschickt aus dem Wasserbad. "It's like a **poached** egg, only that it's cooked inside the coddler with some **seasoning**."

Übung 26: Welche Begriffe gehören zusammen? Tragen Sie den richtigen Buchstaben ein.

1. an egg	☐	**a.** breeder
2. a fell	☐	**b.** lover
3. a dog	☐	**c.** drinker
4. a former	☐	**d.** walker
5. a heavy	☐	**e.** photographer
6. a fashion	☐	**f.** coddler

Sarah warf einen neugierigen Blick auf das kunstvoll bemalte Gefäß, aber sie war nur halb bei der Sache. "Did Caroline call?"
Die alte Frau schüttelte den Kopf. "Her friend hasn't got a phone and I'm afraid Caro left her mobile here. Her friend is a bit strange", setzte sie hinzu. "She lives all alone on a **remote** farm."
Sarah verkniff sich ein Grinsen, als sie daran dachte, dass

---

to avoid sb. [ə'vɔɪd] jdn. meiden **egg coddler** ['eg ˌkɒdlə] Eier-Coddler **poached** [pəʊtʃt] pochiert **seasoning** ['siːznɪŋ] Gewürz **remote** [rɪ'məʊt] abgelegen

man von Dereks Großmutter, die ebenfalls etliche Jahre mehr oder weniger alleine auf Helvellyn verbracht hatte, dasselbe hätte sagen können.
"Back already?" Der letzte Teil des Satzes galt Julia, die sich, ohne aufzublicken, wieder auf ihren Platz schob.
"He didn't answer. I **knocked** three times."
Da war sie wieder, die steile Falte auf Liz Hebblethwaites Stirn. "Did you open the door? Perhaps he's feeling ill – maybe he's got a **hangover**!"
"No, I certainly didn't open his door." Julia war deutlich anzusehen, dass es sie wenig betraf, ob Derek sich die Seele aus dem Leib kotzte. Die Falte auf Liz' Stirn schwoll bedrohlich an.
"I'll look for him", bot Sarah rasch an. Sie hatte zwar ebenso wenig Lust auf eine Unterhaltung mit ihrem verkaterten, schlecht gelaunten Schwager, aber sie wollte nicht, dass Liz sich selbst die steile Treppe zu den Schlafräumen emporquälte.
Sie klopfte erst leise, dann etwas lauter.
"Derek? Are you there? Derek, this is Sarah, please open the door."
Hinter der Tür rührte sich nichts. Als Sarah noch etwas heftiger klopfte, sprang die Tür mit einem Klicken auf.

"He's not there. He didn't even spend the night in his bed."
Wieder unten in der Küche, spürte Sarah immer noch die leichte Beunruhigung, die sie bei dieser Entdeckung befallen hatte.
"Oh my. He slept with the dogs." Liz schüttelte den Kopf.

---

to knock [nɒk] klopfen **hangover** ['hæŋəʊvə] Kater

"He's got a **spare bed** in his trophy room, you know. He sometimes sleeps there."
Emma kam herein. Sie sah müde aus, dunkle Schatten lagen unter ihren Augen. "Do you have any **pain killers**, Liz?", fragte sie.
"You look **pale**. Do you have a headache?", bemerkte Sarah.
Emma lachte freudlos. "Oh, no, it's for Thomas. He had a really bad night and needs something for his headache now."
Liz presste die Lippen zusammen und schob Emma ein Päckchen hinüber.
"Shall I have a look for Derek too?"
Forschend musterte Sarah Emmas langärmeliges Hemd. Es war kein Geheimnis mehr für sie, dass Thomas gerne handgreiflich wurde, wenn er eine seiner "schlechten Nächte" hatte.
Ehe Liz antworten konnte, erbot sich Sarah. "No, I'll go. Give me a cup of coffee for Derek and some of those." Mit einer Kopfbewegung deutete sie auf die Schmerztabletten.

Der Weg hinunter zum Hundezwinger war uneben und Sarah fluchte leise, als ihr ein Schwall heißen Kaffees über die Hand schwappte. Ärgerlich dachte sie an die Thermoskanne, die in der Küche stand, doch sie verspürte nicht die geringste Lust, noch einmal zurückzugehen. Sie wollte das Gespräch mit Derek möglichst schnell hinter sich bringen. Die Unterkünfte der Border Collies lagen ein ganzes Stück vom Haus entfernt. Es waren lang gestreckte, großzügige

---

spare bed [ˌspeə 'bed] Gästebett **pain killer** ['peɪn ˌkɪlə] Schmerzmittel **pale** [peɪl] blass

Ausläufe, die nachträglich an eine Ansammlung alter Schuppen angebaut worden waren. Einer davon beherbergte Dereks Allerheiligstes. Normale Männer hatten eine Werkstatt, dachte Sarah belustigt, Derek hatte seinen "Trophäenraum". Sie wusste, dass sie ungerecht war, doch im Moment bereiteten ihr diese Gedanken ein grimmiges Vergnügen.

Die Hunde schlugen an, als sie näher kam. Sarah wurde langsamer und blieb schließlich unentschlossen stehen.

"Derek? Are you here?" Bis auf die Hunde, die unruhig in ihren Zwingern auf und ab liefen, rührte sich nichts. Sarah fiel auf, dass die Näpfe der Border Collies leer waren. Der Mann musste einen Mordskater haben, wenn er noch nicht einmal seine Hunde gefüttert hatte. Beinahe noch erstaunlicher war, dass Julia sich an Dereks Verbot, den Tieren zu nahe zu kommen, hielt.

"Derek?" Sarah stieß sacht gegen die hölzerne Tür des Schuppens. Anders als bei den benachbarten Baracken waren Fenster und Türen frisch gestrichen. An der Tür hingen Tafeln mit Stammbäumen.

"Derek?" Die kleinen Fenster waren verhängt, und Sarah blinzelte, um sich an das Zwielicht zu gewöhnen. Ihr Blick glitt über holzverkleidete Wände und ein paar schlichte Regale mit Hundefutter und Fachliteratur. Eine große Vitrine mit Pokalen und Medaillen, die wie ein Raumteiler inmitten des Schuppens stand, zeugte von Dereks Erfolgen.

"Derek, are you here?" Langsam kam Sarah sich idiotisch vor mit ihrem Kaffee in der Hand. Fast meinte sie schon, Dereks spöttischen Kommentar zu hören. Brummschädel oder nicht, wo zum Teufel war der Mann? Sie machte noch einen Schritt auf die Vitrine zu. Unter ihren Füßen knirsch-

te es. Jetzt bemerkte sie, dass der Boden mit Glassplittern bedeckt war. Ein wuchtiger silberner Kelch lag auf dem Boden, eine Seite der Vitrine war zersplittert.
Sarah hörte ihr Herz hämmern. Einbrecher, dachte sie, jemand ist hier eingebrochen. Aber wer stiehlt schon Pokale von Hundewettbewerben? Die Luft kam ihr plötzlich stickig vor, das Atmen fiel schwer.
"Derek? Derek, answer me!", schrie sie.
Hinter dem Raumteiler stand, in eine Nische gezwängt, ein Reisebett. Ein paar Kleidungsstücke lagen darauf verstreut. Sarahs Mund wurde trocken, einen Moment lang nahm sie alles überdeutlich wahr – die seltsame Anordnung der Kleidungsstücke, den merkwürdigen Geruch, und sie wusste, dass dieser Anblick sie in ihren Träumen verfolgen würde. Trotzdem konnte sie den Blick nicht lösen, denn das, was sie im Halbdunkel für achtlos hingeworfene Kleider gehalten hatte, war in Wirklichkeit die verdrehte Gestalt ihres Schwagers. In Dereks Schläfe klaffte ein hässliches, rotes Loch.

Eleven

Erst später, als Dereks Leiche bereits zum Abtransport vorbereitet wurde und die Kriminalpolizei überall auf dem Hof Spuren sicherte, erfuhr Sarah, dass eben jener Wanderpokal, den ihr Schwager in der nächsten Woche hatte verteidigen wollen, ihm den Schädel zerschmettert hatte.

Wie in Trance hatte sie auf die örtliche Polizei gewartet, geschildert, wie sie Dereks Leiche gefunden hatte, und wie durch einen Nebel hatte sie Liz hinterhergeblickt, wie sie hinüber zum Trophäenraum schritt, um ihren toten Enkel zu identifizieren, sehr aufrecht und mit ihrem vor Kummer versteinerten Gesicht Derek sehr ähnlich.

"Are you sure you want to do this, Mrs Hebblethwaite? We can wait for your grandson's wife. We can't reach her by phone but I can send an officer to get her."

"Thank you, Jem, but I owe my grandson this much, don't you think?"

Übung 27: Bringen Sie die folgenden Ereignisse in die richtige Reihenfolge.

a. ☐ Julia knocked three times on Derek's door, but he didn't answer.
b. ☐ Sarah went to the kennels.
c. ☐ Sarah found Derek's dead body.
d. ☐ Sarah opened Derek's bedroom door.
e. ☐ Emma went to look for Thomas because he wasn't very well last night.
f. ☐ The dogs barked at Sarah.

Der familiäre Ton, in dem Liz mit dem jungen Polizisten sprach, war beruhigend gewesen und hatte Sarah bewusst gemacht, wie fest verwurzelt die Familie in der Dorfgemeinschaft war. Hier draußen kannte man sich, inklusive der sehr privaten Details wie der offensichtlichen Feindschaft zwischen den Brüdern Hebblethwaite. Hatte sie nicht selbst sofort an Thomas gedacht, an einen Streit zwischen den beiden alkoholisierten Brüdern, der eskaliert war? Die Schlägerei, die sie selbst miterlebt hatte, war ihr eingefallen, und der Streit um Geld, von dem Caroline ihr berichtet hatte.

Mit blutunterlaufenen Augen und von Alkoholausdünstungen umgeben war Dereks Bruder in keiner guten Verfassung gewesen, um Fragen zu beantworten. Mit wachsender Aggressivität hatte er sich gegen die gleichbleibend freundlichen Fragen der Beamten gewehrt.

"Stop asking stupid questions and start looking for my brother's murderer!"

Emma war wie ein aufgescheuchtes Huhn an die Seite ihres Mannes geeilt. "He didn't do it! Do you hear me? He was with me all night! He didn't kill his brother!"

Thomas war herumgefahren und auf seine völlig überrumpelte Frau losgegangen. In dem darauf folgenden Handgemenge landete seine Faust am Kinn eines jungen Constables. Unter Emmas weinerlichem Protest wurde Dereks Bruder schließlich abgeführt.

Doch auch das war nur wie durch eine dicke Watteschicht in Sarahs Bewusstsein gesickert. Es war Carolines Stimme, die den Nebel zerriss und sie mit allen Sinnen zurück in die Realität holte. Es war eine laute, ungehaltene Caroline, die sich verwundert und ungeduldig an dem Beamten, der sie aufzuhalten versuchte, vorbeidrängte.

"What are you doing here? What's happened here?"

Mit schweren Schritten ging Sarah ihrer Schwester entgegen.

"Es tut mir so leid, Caro."
In diesem Augenblick fiel Carolines Blick auf die verhüllte Bahre, die eben in einen Wagen geladen wurde. Eine plötzliche, fatale Erkenntnis war auf ihrem Gesicht abzulesen.
"Sie haben Melissa gefunden?"
Sarah konnte ihre Schwester nur stumm anstarren.

"I didn't do that very well." Sarah ließ sich schwer auf einen Küchenstuhl sinken und vergrub ihr Gesicht in den Händen. Die Ruhe in der Küche war wohltuend nach all der Aufregung draußen.
"You did fine", versicherte Emma, während sie den altmodischen Herd anzündete. Sarah sah, dass ihre Finger, die das Streichholz hielten, zitterten.
"She's resting now. She has taken some tranquilizers."
"She didn't believe me. She thought it was a bad joke." Beim Gedanken an die Reaktion ihrer Schwester überlief Sarah immer noch eine Gänsehaut. Sie hatte einfach nicht die richtigen Worte finden können, ihr zu sagen, dass es Derek war, der auf dieser Bahre davongetragen wurde, mit einem hässlichen Loch im Kopf, und dass er nie wieder aufstehen würde.
"No one could find the right words for this." Emma schüttelte den Kopf. "It's a **nightmare**. Derek will never come into this kitchen again, never work with the dogs and never quarrel with Thomas or Julia. It's just like a bad dream." Sie zitterte; ihr Gesicht war so unglücklich, dass Sarah den Impuls verspürte, sie in den Arm zu nehmen und zu trösten, aber eine plötzliche Befangenheit hinderte sie daran. Mit einem Mal fühlte sie sich auf merkwürdige Weise von der Trauer der Familie ausgeschlossen. Derek war für sie ein Fremder gewe-

---

nightmare ['naɪtmeə] Albtraum

sen, sie hatte mit ihm kaum mehr als ein paar Sätze gewechselt, und die meisten waren nicht sehr erbaulich gewesen. Sie würde keine Gelegenheit mehr bekommen, herauszufinden, wer Derek Hebblethwaite wirklich gewesen war.
"I was grateful to Derek. He let me and Thomas stay here at Helvellyn", fuhr Emma fort. Ihre Stimme klang dünn. "He didn't do it for me and I'm sure he didn't do it for Thomas, but still ... I had just begun to hope for a new start here on the farm."
"Caroline will be glad you're here to help." Die Worte klangen schroffer, als sie es beabsichtigt hatte, und Emma war der Zweifel deutlich am Gesicht abzulesen.
"Thomas didn't kill him, Sarah! You have to believe me."
"I don't know, Emma", gab Sarah ehrlich zu. "Did Derek and Thomas get into another fight last night? According to Liz, they were both drunk."
"Thomas was far too drunk to go anywhere. He has a drinking problem, and he and Derek were not exactly on friendly terms – but I know my husband. Why is he so aggressive? Why did he punch that police officer? Because he feels so bad about Derek's death."
Ein bisschen spät für brüderliche Zuwendung, dachte Sarah, doch laut sagte sie: "He'll be free soon. They **haven't charged** him with murder."
"Was it a **burglar**?", fragte Emma heiser. "Did anyone steal anything from Derek's trophy room?"
"There wasn't anything of interest in there", erwiderte Sarah. "I only saw things for the dogs, as well as food, books, some tools and of course all his prizes and trophies.

---

to charge sb. [tʃɑːdʒ] Anklage gegen jdn. erheben **burglar** [ˈbɜːglə] Einbrecher

Nothing to **tempt** a burglar. But there is some connection between Melissa's disappearance and Derek's death. Perhaps even a connection with the fire in the barn. What about that tramp? Some of the neighbours saw him. Did Derek run across him?"

Emma zuckte die Schultern und ein Schatten flog über ihr Gesicht. "There's still no trace of the tramp. But what about Melissa?"

"You are right. She doesn't fit in. We don't know everything yet."

In diesem Moment ging hinter ihnen die Küchentür auf.

Übung 28: Wer hat die folgenden Sätze gesagt? Notieren Sie den Namen der jeweiligen Person.

1. "I owe my grandson this much."

____

2. "He was with me all night. He didn't kill his brother."

____

3. "I didn't do that very well."

____

4. "She had a wicked sense of humour."

____

5. "A **marriage** is about trust."

____

---

to tempt sb. [tempt] jdn. reizen **marriage** ['mærɪdʒ] Ehe

"Did you tell them, Sarah?" Mit Bestürzung registrierte Sarah, wie grau und müde Liz Hebblethwaite aussah, obwohl ihre Haltung immer noch sehr aufrecht war.

"Pardon?"

"Did you tell the police about Derek and Melissa? About Melissa's real name?"

Sarah schüttelte den Kopf. Die Polizei hatte sich hauptsächlich dafür interessiert, wie sie Derek gefunden hatte. Trotzdem war sie ein paar Mal nahe daran gewesen, alles zu erzählen, was sie über Melissa wusste.

"No, I didn't tell them. I want to protect Caroline."

"You'll probably have to talk to someone from the C.I.D. later. The local police have called in a Detective Chief Inspector."

"C.I.D?" Klingt wie eine Fernsehserie, dachte Sarah mit einem Anflug von schwarzem Humor.

"The Criminal Investigation Department. It's a murder inquiry, you know."

"Oh, that must be what we call 'Kriminalpolizei'." Sarah biss sich auf die Lippen. "They'll start asking questions about Derek and Melissa. Sooner or later they'll find out her real name. Someone will miss a family member or a friend. Someone has to look after her horses and her stables too.

Liz Hebblethwaite erwiderte nichts. Sie saßen in der Zwickmühle, das wussten sie beide.

Twelve

Zu ihrer Überraschung traf Sarah ihre Schwester am Fenster stehend an.
"Ich dachte, du schläfst."
Caroline schüttelte langsam den Kopf. "Ich muss immerzu an Derek denken. Dass er vielleicht noch leben könnte, wenn ich gestern nicht so überstürzt verschwunden wäre. Ich hätte auf dich hören sollen."
"Du darfst dir jetzt keine Vorwürfe machen", versuchte Sarah zu trösten. "Du hattest jedes Recht, dich verletzt zu fühlen."
Caroline schwieg eine Weile und starrte wieder unverwandt aus dem Fenster. "Ich hätte es ahnen müssen. Es war ja nicht das erste Mal, dass Derek und ich Probleme hatten."
"Du hast nie etwas davon erzählt." Wann hätte sie es mir auch erzählen sollen, dachte Sarah. Bei den belanglosen Telefongesprächen, die sie in letzter Zeit geführt hatten? War sie selbst nicht so bestrebt gewesen, das Bild von Carolines perfektem Leben in England aufrechtzuerhalten, dass jegliche Andeutung an ihr abgeprallt sein musste?
"Erinnerst du dich, dass ich immer Kinder wollte?" Caros Stimme klang bitter. "Ich dachte, Derek und ich wären uns völlig einig, er wollte nur auf den richtigen Zeitpunkt warten. Es stellte sich leider heraus, dass kein Zeitpunkt passend zu sein schien. Ich dachte, wenn ich ihm deutlich machen könnte, wie wichtig mir das ist, würde er seine Meinung ändern, aber für ihn war die Diskussion einfach beendet. So war das immer bei ihm, stur wie ein Maulesel. Die Stimmung zwischen uns war also ziemlich angespannt. Das muss kurz vor dem Beginn seiner Affäre mit Melissa gewesen sein. Und jetzt ist er plötzlich nicht mehr

da und meine letzte Erinnerung an ihn wird immer dieser hässliche Streit sein, den wir jetzt nie mehr aus der Welt schaffen können. Ich kann doch nicht einfach so mit der Farm weitermachen, als wäre nichts passiert!" Sie holte tief Luft. "Derek ist hier aufgewachsen, weißt du? Als älterer Sohn hat er Helvellyn nach dem Tod seiner Eltern geerbt. Dummerweise sah er sich gar nicht als Farmer. Natürlich setzte er seinen dicken Kopf durch und ging nach London studieren. Da haben wir uns zum ersten Mal getroffen." Die Erinnerung ließ ein Lächeln auf ihrem Gesicht aufblitzen. "Dann kamen die ersten großen Turniererfolge. Derek trainierte wie besessen und wechselte schließlich von Helvellyn in einen Trainingsstall in der Nähe von London. Ohne Liz' Hilfe wäre die Farm in der Zeit sicher völlig heruntergekommen. Trotzdem war Helvellyn wohl so eine Art Anker für Derek, hierher ging er zurück, wenn er Ruhe brauchte, nachdenken musste."
"Und dann kam der Unfall?"
Caro nickte. "Ja, plötzlich war die Farm unsere Haupteinnahmequelle. Wir waren darauf angewiesen, dass sie lief. Also entschieden wir uns, es mit biologischer Landwirtschaft zu versuchen. Alle unsere Rücklagen stecken in der Farm."
"Was ist mit Thomas?"
"Du willst wissen, ob er Derek genug gehasst hat, um ihn umzubringen? Thomas war sein Leben lang Farmer, und für ihn muss es unbegreiflich gewesen sein, dass Helvellyn Farm nicht das Wichtigste in Dereks Leben war. Eine Zeit lang haben wir davon geträumt, nach Dereks Karriereende einen eigenen Trainingsstall in der Nähe von London zu eröffnen. Liz hätte nicht zugelassen, dass Helvellyn Farm in fremde Hände fällt, das wäre für Thomas die Chance gewesen, endlich doch noch zu bekommen, was er immer schon wollte."

"Dann muss er ziemlich enttäuscht gewesen sein, als ihr euch entschlossen habt, hierher zu ziehen?"
"Enttäuscht? Vermutlich hat er geschäumt vor Wut." Ein freudloses Lächeln huschte über Carolines Lippen. "Aber Dereks Tod ändert an Thomas' Situation gar nichts. Derek hat dafür gesorgt, dass die Farm nach seinem Tod an mich fällt."
"Thomas geht also leer aus?"
Caroline nickte. "Die beiden standen sich nicht wirklich nahe, aber ich glaube fast, dass Thomas die ständigen Reibereien mit Derek fehlen werden. Außerdem schwört Emma, dass Thomas die Nacht völlig betrunken in seinem Bett verbracht hat."
"Glaubst du ihr?"
"Du nicht?" Caroline zuckte die Schultern, und Sarah, die sich ziemlich sicher war, dass Emma für ihren Mann das Blaue vom Himmel herunterlügen würde, zog es vor, das Thema zu wechseln.

Übung 29: Vervollständigen Sie die Begriffe aus dem "Murder in the Night"-ABC. Die Zahl der Buchstaben ist vorgegeben.

1. Q stands for _ _ _ _ _ – something very beautiful in Caro's cottages on the farm.
2. R stands for isolated _ _ _ _ _ – these connect the farms in the Lake District.
3. S stands for _ _ _ _ _ – these animals were a valuable source of income in the past.
4. T stands for _ _ _ _ _ _ – he is rarely sober.

5. U stands for _ _ _ _ _ _ – the barn that burnt down was like this. Nobody worked there or did anything in it.

"Hatte Derek andere Feinde?"
"Er war kein einfacher Mensch. Er konnte charmant und überheblich in derselben Sekunde sein. Ich bin sicher, er hat sich bei seinen Reiterkollegen nicht immer beliebt gemacht. Trotzdem waren alle von seinem Unfall betroffen, das hat eine Menge alte Rivalitäten vergessen gemacht."
"Was ist mit den anderen Hundezüchtern?"
"Ich kann mir das einfach nicht vorstellen. Natürlich gab es da Rivalitäten, aber dass jemand ihm deshalb den Tod wünschen würde ..." Caroline schluckte und wischte sich mit der Hand über die Augen.
"Und die Farmer in der Nachbarschaft? Ärger oder Neider?"
"Neid?" Caro lachte bitter. "Die Farm ist ein Zuschussgeschäft. Wusstest du, dass die Böden drei Jahre frei von chemischen Düngern sein müssen, ehe man eine offizielle Anerkennung als Biohof bekommt? Wir wussten, dass die Umstellung Zeit braucht, aber langsam ging uns das Geld aus. Der Umbau der Cottages zu Ferienwohnungen war eine verzweifelte Maßnahme, unsere Unkosten hereinzubekommen. Wir haben alles selbst gemacht, um Geld zu sparen. Und jetzt soll alles umsonst gewesen sein?"
"Ein Gutes hat es jedenfalls, dass du gestern Nacht nicht auf der Farm warst. Wenigstens kann dich niemand verdächtigen, etwas mit Dereks Tod zu tun zu haben." Der Versuch, ihrer Stimme einen festen Ton zu geben, misslang. Sie wussten beide, wie ernst es war. Schließlich hatte niemand ein besseres Motiv als Caroline, den untreuen Ehemann und seine Geliebte zur Hölle zu wünschen.

Thirteen

Die Tage nach Dereks Tod dehnten sich endlos und schleppten sich zäh dahin. Sarah hatte den Eindruck, jedes Zeitgefühl verloren zu haben. Wie viele Tage waren nun schon vergangen – zwei oder drei, oder war es gestern gewesen? Sarah wusste es manchmal kaum und das leise Rattern des Spinnrades und der hypnotische Sog der wirbelnden Spulen boten eine willkommene Abwechslung. Gleichmäßig wippte Emmas Fuß auf und ab.

"It looks so easy." Fasziniert beobachtete Sarah wie die bauschige Schafwolle in der kleinen Öffnung des Spinnrades verschwand, um sich dann, verwandelt in einen feinen, glänzenden Faden, auf die Spule zu wickeln. Emmas Finger waren ganz ruhig dabei. Das Zittern, das Sarah noch am Vortag bemerkt hatte, war verschwunden.

"I do this to relax. To calm down. It's better than therapy. My husband's the **prime suspect** in a **murder case**, and I feel awful."

"At least they haven't charged him with anything yet."

"Not yet." Der dünne Faden riss und die Spule begann zu klappern. Leise fluchend stoppte Emma das Rad. Auch wenn Thomas am Morgen nüchtern und sehr schweigsam auf die Farm zurückgekehrt war, der Verdacht gegen ihn war noch lange nicht vom Tisch, das wusste sie am besten.

"I can't stand this **uncertainty**."

"I know what you mean." Eine Lähmung schien die ganze Farm befallen zu haben, die durch die hektischen, alltäglichen Arbeiten nur mühsam kaschiert wurde. Sarah beob-

---

prime suspect [ˌpraɪm ˈsʌspekt] Hauptverdächtiger **murder case** [ˈmɜːdə keɪs] Mordfall **uncertainty** [ʌnˈsɜːtntɪ] Unsicherheit

achtete, wie Emma den gerissenen Faden geschickt wieder anknüpfte. “Caro won’t accept my help. She’s somehow **slipping away from** me.” Äußerlich fast unnatürlich ruhig, schien ihre Schwester ihr nach Dereks gewaltsamem Tod weiter entfernt als je zuvor. “Perhaps I should try this too.” Scherzhaft deutet sie auf das Spinnrad.
“I can show you.”
“Later perhaps, thanks.” Zu allem Überfluss war da eine Stimme in ihrem Kopf, die einfach keine Ruhe geben wolle. Sie gehörte Derek und wiederholte gebetsmühlenartig immer und immer wieder dieselben Worte.
Liz Hebblethwaites missbilligender Tonfall erlöste Sarah von ihren trüben Gedanken.
“Oh that girl! Her **obsession** for the dogs has caused enough trouble!”
Emma ließ ihre Wolle sinken. “Are you talking about Julia? What’s she done now?”
“She heard a car the night Derek died. Heaven knows why she was awake at that time. Perhaps she wanted to **mess around** with the dogs again.” Liz schüttelte ärgerlich den Kopf.
“Did she see anything?”, erkundigte sich Emma.
“No, she just heard a **car engine**. It was sometime between two and three o’clock. She’s quite sure.”
Laut Polizeiarzt war das genau der Zeitraum, in dem Derek an den Folgen des Schlages auf seinen Schädel gestorben war. Wieder fühlte Sarah das nagende Unbehagen, das sich hier zu ihrem ständigen Begleiter entwickelt hatte. Caroline hat-

---

to slip away from sb. [ˌslɪp əˈweɪ frəm] jdm. entgleiten **obsession** [əbˈseʃn] Manie **to mess around** [ˌmes əˈraʊnd] Blödsinn machen **car engine** [ˈkɑː ˈendʒɪn] Automotor

te gesagte, die Farm ihrer Freundin sei nicht besonders weit von Helvellyn entfernt. Also hätte sie leicht unbemerkt in den Land Rover steigen und in der Nacht herüberfahren können, um sich mit Derek auszusprechen. Vielleicht war Derek betrunken gewesen und die Aussprache zwischen den beiden war eskaliert; Caroline fühlte sich verletzt und missverstanden, mit Worten konnte sie nicht zu ihrem Mann vordringen; in ihrer Verzweiflung hatte sie einen nahe stehenden Pokal gegriffen, es kam zu einem Kampf, bei dem die Vitrine zu Bruch ging, und dann … Sarah schauderte. Sie schämte sich, dass sie diese Möglichkeit in Betracht zog.
"Has Julia told the police?" Sarah dachte an all die Informationen, die sie der Polizei vorenthalten hatten.

Übung 30: Setzen Sie die richtige Verbform ein. Benutzen Sie dabei die Zeitformen Simple Present, Present Progressive, Simple Past und Present Perfect.

1. The police *(to look)* ______________________ for Melissa now.
2. Julia *(to hear)* ______________________ a car engine in the middle of the night.
3. The police *(to not charge)* ______________________ Thomas with murder yet.
4. Sarah *(to not talk)* ______________________ to Caroline at the moment.
5. Somebody *(to kill)* ______________________ Derek last night.

6. Sarah *(to take)* ______________________ photographs for fashion magazines.

"She's afraid to – but she must do so right now. That car – perhaps it **belongs to** the murderer."
"Maybe they left some **tyre tracks** too."
Liz zuckte die Schultern. "I doubt that. The path is quite stony."
Wieder diese verdammte, unerklärliche Erleichterung. Keine Beweise für Caros Schuld. Sie hielt es wirklich nicht für möglich, nein ... Aber was war mit der Polizei, wer würde sie von Carolines Unschuld überzeugen? Das Bekanntwerden von Melissas wahrer Identität und der verhängnisvollen Affäre hing wie ein Damoklesschwert über ihrer Schwester. Sarah wollte die Wahrheit sagen und fühlte sich gleichzeitig wie eine Verräterin. Caro hatte sie nie gebeten, für sie zu lügen. Welche Fingerabdrücke würde die Spurensicherung auf der Mordwaffe finden, welche DNA? Aber war es nicht ohnehin selbstverständlich, dass Carolines Fingerabdrücke überall sein würden? Die Stimme in ihrem Kopf wollte keine Ruhe geben. Mit einem Ruck stand sie auf. "Will you excuse me for a moment? I have to make some phone calls."

Sie hatte sich die Nummern aller Melissa Goldings in Manchester von der Auskunft nennen lassen. Es gab nur eine.
"The number you **require** is 0161–532989 – would you like me to **connect** you, Madam?"

---

to belong to sb. [bɪˈlɒŋ tə] jdm. gehören **tyre track** [ˈtaɪə træk] Reifenspur **to require** [rɪˈkwaɪə] wünschen **to connect** [kəˈnekt] verbinden

"No thank you – could you give me the number again please?"
"Certainly – one moment please ... 0161–532989."
Sarah lauschte auf die Zahlenfolge, die von einer computergenerierten Stimme angesagt wurde, und wählte dann mit zitternden Fingern.
"The person you are calling cannot come to the phone at the moment. Please leave a message after –"
"Hello?" Eine frische, junge Stimme unterbrach die Ansage vom Band. Sarah brauchte einen Moment, um sich zu fassen. Was hast du denn erwartet, dachte sie spöttisch, eine Stimme aus dem Grab? Wohl eher ein monotones Freizeichen.
Sie räusperte sich verlegen.
"Hello, my name is Sarah. Can I speak to Melissa Golding please?" Der Name "Golding" ging ihr nur widerwillig über die Lippen und sie räusperte sich erneut. "Is this her number?"
"Oh yes, and I'm her **flat mate**. But I am afraid Melissa is not here at the moment. She's on holiday."
"I know", entgegnete Sarah leichthin und versuchte dabei, wie irgendeine gute Bekannte zu klingen. "When will she be back?"
Ihre Strategie ging nicht auf. Aus der Stimme am anderen Ende sprach jetzt eine Spur Misstrauen.
"What is your name?"
"Sarah. Sarah Kersten. I met Melissa while on holiday. When is she planning to be back?"
"I'm expecting her back in a few days. Shall I tell her to call you?"

---

flat mate ['flæt meɪt] Mitbewohnerin

Sarah zögerte. Jetzt wäre der Zeitpunkt zu erwähnen, dass Melissa vermisst wurde und einiges dafür sprach, dass sie gar nicht mehr zurückkommen würde. Aber dann hörte sie in ihrem Kopf wieder Dereks Stimme. "She didn't disappear into thin air. There are circumstances that make it really impossible for a dog to find a missing person. Melissa **has** always **been** as **cool as a cucumber**. And she had a strange sense of humour. I'm quite sure she is still alive."

"Well yes, could you tell her that a **mutual** friend has died – rather **unexpectedly**?"

Sie nannte Dereks Namen, diktierte ihre Handynummer. Verrückt dachte sie, hinterließ sie eine Nachricht für eine Tote?

"This is like *Tales from the* ***Crypt***. Weird." Emma schüttelte den Kopf, als Sarah von ihrem Anruf berichtete. "Is Melissa really still alive? Will she get your message?"

"I don't know. Maybe it is a **mad** idea, but Derek made me think of it", bekannte Sarah. "He talked about her wicked sense of humour. Was he **heartless** or did he just know her better than the rest of us? Did she **pull the wool over** our **eyes**? Is she **alive and kicking**?"

Emma schüttelte den Kopf. "You sound as crazy as Derek. He loved fantasy stories."

---

to be cool as a cucumber [biː ˌkuːl əz ə ˈkjuːkʌmbə] die Ruhe selbst sein **mutual** [ˈmjuːtʃʊəl] gemeinsam **unexpectedly** [ˌʌnɪkˈspektɪdlɪ] unerwartet **crypt** [krɪpt] Gruft **mad** [mæd] verrückt **heartless** [ˈhɑːtləs] herzlos **to pull the wool over sb.'s eyes** [ˌpʊl ðə ˈwʊl əʊvə / ˈaɪz] jdn. hinters Licht führen **alive and kicking** [əˌlaɪv ən ˈkɪkɪŋ] gesund und munter

Übung 31: Setzen Sie die folgenden Begriffe ein und vervollständigen Sie damit die idiomatischen englischen Redewendungen.
*(alive, molehill, **cucumber**, kicking, air, wool, fiddle)*

1. You look sad. Your face is as long as a ______________.
2. Why are you so upset? You are making a mountain out of a ______________.
3. Melissa tried to pull the ______________ over our eyes.
4. She was as cool as a ______________.
5. Melissa vanished into thin ______________.
6. Perhaps she is ______________ and ______________.

Sarah zuckte die Schultern. "You are right. It's **spooky** to leave a message for a dead woman." Sie hatte plötzlich eine Gänsehaut. Trotzdem konnte sie nicht anders, den ganzen restlichen Tag beäugte sie ihr Telefon wie ein seltenes, aber gefährliches Tier, das jederzeit unerwartet zuschnappen konnte. Doch das Tier blieb stumm.

---

cucumber ['kjuːkʌmbə] Gurke **spooky** ['spuːkɪ] gruselig

Fourteen

Es war nicht schwer, den Beruf des Mannes im dezenten, dunklen Anzug zu erraten. Sein Mienenspiel wechselte mit schöner Regelmäßigkeit zwischen professioneller Betroffenheit und einem salbungsvollen Mitgefühl, das bei Sarah Übelkeit hervorrief. Bestatter sind überall gleich, dachte sie, während sie das Gespräch auf der Veranda aus der Entfernung beobachtete. Liz legte tröstend einen Arm um Carolines Schulter. Als der Mann sich endlich verabschiedete, gab Sarah sich einen Ruck und ging hinüber.

"Das war der Bestattungsunternehmer. The funeral director."

Sarah nickte mitfühlend. "War es schlimm? Du siehst völlig erledigt aus."

Caroline starrte von der Veranda hinaus auf die Weiden. "Es wird eine Untersuchung durch einen **Coroner** geben."

"Was heißt das?", erkundigte Sarah sich verwirrt.

"Derek died of unnatural causes. A coroner **will investigate** and there will be an **inquest**", erklärte Liz, die erraten hatte, worum es ging.

"There will be a post mortem." Caros Unterlippe zitterte. "Eine Autopsie."

"Oh." Es war kein schöner Gedanke, und Sarah ahnte, dass jetzt von ihr etwas Tröstliches erwartet wurde. Aber ihr Kopf war völlig leer, ihr fiel nichts ein, das geeignet gewesen wäre, Caros Schmerz zu lindern. Sie hasste sich selbst für ihre Unfähigkeit, mit dieser Situation umzugehen.

---

coroner ['kɒrənə] Gerichtsmediziner **to investigate** [ɪn'vestɪgeɪt] untersuchen **inquest** ['ɪŋkwest] gerichtliche Untersuchung

"We can't **finalize** the date for the **funeral** now. We have to wait for the coroner's report." Carolines Stimme war jetzt kaum noch zu verstehen. "Derek loved this **countryside**. We **will bury** him here and I will make peace with the world."
"I understand that."
"No, you can't really understand. I need that funeral, okay? The sooner, the better."

Sarah war sofort wach, als das Telefon klingelte; sie hatte das Gefühl, nur kurz weggenickt zu sein. Der Wecker zeigte vier Uhr morgens.
"Did you make this story up? This is sick. Is Derek laughing at me? Is he having a joke at my expense?" Die Frau am anderen Ende klang, als habe sie noch schlechter geschlafen als Sarah.
"Melissa – is that you?"
"No, this is Mister Ed, the Talking Horse. Of course it's me." Einen Moment herrschte Schweigen am anderen Ende der Leitung.
"So you saw through my little trick. Clever girl. Or was it Derek? Why doesn't he call me himself? Is he afraid of me?"
"I wasn't lying. I'm so sorry, Melissa. Somebody murdered Derek three days ago."
"Holy shit. Is this some kind of sick joke?"
"I'm afraid it's true. Someone hit him on the head in the middle of the night. They used one of his trophies as a weapon."

---

to finalize sth. ['faɪnəlaɪz] etw. endgültig festlegen **funeral** ['fjuːnrəl] Beerdigung **countryside** ['kʌntrɪsaɪd] Landschaft **to bury sb.** ['berɪ] jdn. beerdigen

"Jesus." Sarah konnte Melissa atmen hören.
"It was in all the local papers. Why didn't you hear about it? Where have you been?"
"On a last minute trip to Spain. I **treated** myself **to** a holiday as a **consolation** because Derek had just **ditched** me." Der forsche Ton, den Melissa anschlug, konnte nicht über das Zittern hinwegtäuschen, das in ihrer Stimme lag.
"But did you get your **revenge** on Derek first?"
"Clever girl", lobte Melissa erneut, doch diesmal klang es nicht echt.
"Derek was **suspicious** from the beginning", erklärte Sarah. "The search dogs found your jacket but couldn't follow your scent. How did you do that?"
Melissa war überraschend bereit, ihr alles zu erklären. Vielleicht saß ihr der Schock über Dereks Tod tiefer in den Knochen, als sie es sich nach außen anmerken ließ.

Übung 32: Setzen Sie die folgenden Verben ein und bilden Sie Sätze und Fragen im Simple Past.
(to bring, to attack, to be, to take, to know, to get, to look, to walk, to imagine, to tell)

"I **1.** ________________ the bus to the car park at the village inn. I **2.** ________________ a bit and **3.** ________________ for a good place to leave the blood-smeared jacket. I **4.** ________________ the questions.

---

to treat oneself to sth. ['triːt wʌnˌself tə] sich etw. gönnen **consolation** [ˌkɒnsə'leɪʃn] Trost **to ditch sb.** [dɪtʃ] jdn. abservieren **revenge** [rɪ'vendʒ] Rache **suspicious** [sə'spɪʃəs] argwöhnisch

Did someone **5.** ________________ her? Someone from her past? A former lover, maybe. Someone just like dear old Derek. He **6.** ________________ me a lot about dogs a few months ago, so I **7.** ________________ I couldn't just walk away from there because the dogs can follow the scent. But no dog can follow a car. I **8.** ________________ lucky. I **9.** ________________ a lift. A car driver **10.** ________________ me back to Legburthwaite and from there I followed the route over Sticks Pass all by myself.

I got to the other side and it started raining. And I was lucky again. Near Glenridding I found a **lorry driver**. He **took pity on** me – I **looked like a drowned rat** – and he **gave** me **a lift** all the way down to Manchester. I was so proud of myself. I booked a last minute trip to Spain for the next day."
"Very clever", bestätigte Sarah. "No one could find you and ask unpleasant questions."
"But you are doing that now."

Nach dem Telefonat mit Melissa ging Sarah ihre Schwester wecken.

---

lorry driver ['lɒrɪ ˌdraɪvə] Lkw-Fahrer **to take pity on sb.** [ˌteɪk 'pɪtɪ ɒn] mit jdm. Mitleid haben **to look like a drowned rat** ['lʊk laɪk ə ˌdraʊnd 'ræt] aussehen wie aus dem Wasser gezogen **to give sb. a lift** [ˌgɪv / ə 'lɪft] jdn. im Auto mitnehmen

“Sie hat ihr Verschwinden in Szene gesetzt, um sich an Derek zu rächen, weil er sie abgewiesen hat? Das ist doch völliger Irrsinn.” Caroline schüttelte den Kopf. “Diese Frau gehört in eine Anstalt, wenn du mich fragst.”
“Sie schien es für einen wirklich guten Witz zu halten. Aber es wird noch besser. Sie dachte, man würde Derek wegen Mordes verhaften, nachdem die blutbefleckte Jacke aufgetaucht war. Es war sogar ihr eigenes Blut. Sie hat sich in den Handballen geschnitten, um alles so echt wie möglich wirken zu lassen.” Caroline hat recht, dachte sie, das hatte schon psychopathische Züge.
“Aber niemand wusste von der Affäre. Wieso glaubte sie, der Verdacht würde auf Derek fallen?”
“Dafür hatte sie gesorgt. Sie hatte zwei Briefe zurückgelassen, die Derek ihr in seiner Naivität zurückgegeben hatte. Einen platzierte sie in ihrem Cottage und einer befand sich in der Tasche ihrer Wetterjacke. Aber diesmal verließ sie ihr Glück, Derek wurde misstrauisch. Er durchsuchte das Cottage und vernichtete alle Dokumente, die auf Melissas wahre Identität oder ihre Beziehung hinweisen konnten.”
“Und der zweite Brief?”
“Noch einmal Pech. Erinnerst du dich, dass die Polizei ein völlig verschmiertes Papier in der Jackentasche fand? Der Dauerregen hatte ihn unleserlich gemacht.”
“Man sollte eben nicht an der Qualität seiner Wetterbekleidung sparen.” Caro quittierte Sarahs erstaunten Blick mit einem trockenen Lachen. “Das hätte Derek gesagt. Glaubst du, sie hat ihn umgebracht, als ihr Plan nicht so funktionierte wie erwartet?”
“Es mag seltsam klingen”, sagte Sarah nachdenklich, “aber ich glaube, auf ihre eigene, total verdrehte Art hat sie ihn wirklich geliebt. Sie war bereit, nach dem Unfall auf ihn

zu warten; sie dachte, wenn sie ihm nur genug Zeit gäbe, würde er früher oder später zu ihr zurückkommen. Aber irgendeine große Veränderung muss mit Derek nach dem Unfall vor sich gegangen sein."

Caroline nickte. "Als ihm klar wurde, dass er nie wieder auf einem Pferd sitzen würde, hat er rigoros mit seinem alten Leben gebrochen. Er hat sich in diese Biohof-Sache und die Hundezucht hineingekniet wie ein Besessener. Er hat sich verändert. Ich habe ihn manchmal damit aufgezogen, er werde noch ein richtiger Moralapostel, aber eigentlich gefiel er mir, der neue Derek. Ich dachte wirklich, wir hätten es geschafft, aus dem furchtbaren Unfall noch etwas Gutes herauszuholen."

"Das hattet ihr." Und rasch, als hätte sie die Tränen in den Augen ihrer Schwester nicht gesehen, fuhr sie fort: "Melissa war sicher in mordlustiger Stimmung, als sie begriff, dass seine Entscheidung endgültig war. Sie wollte ihn leiden sehen, so wie sie litt."

"Und das Feuer in der Scheune? Hatte sie damit etwas zu tun?"

"Julia hat sie in der Nacht des Feuers auf dem Hof herumschnüffeln sehen", bekannte Sarah zögernd. "Melissa behauptet, sie habe nur versucht, Derek abzufangen, um endlich eine Aussprache zu erzwingen. Aber dabei hat sie eine interessante Beobachtung gemacht." Sie berichtete, was Melissa ihr anvertraut hatte.

Als Sarah im Morgengrauen zurück ins Bett kroch, tat sie es mit der befriedigenden Gewissheit, dass Melissas Falschspiel aufgedeckt war – ob sie auch Dereks Mörderin war, würde die Polizei herausfinden müssen. Mit dem beruhigenden Gefühl, dass ihre Schwester nicht mehr die Hauptverdächtige sein würde, schlief sie bis zum Mittag durch.

Fifteen

"Was ist denn hier los? Wollt ihr einen Trödelmarkt veranstalten?" Verblüfft betrachtete Sarah das kunterbunte Durcheinander, das auf dem Platz hinter den Hundezwingern herrschte.

Kisten und Kästen mit alten Töpfen, uraltem Spielzeug und angeschlagenem Porzellan stapelten sich neben einem Sammelsurium von Tischchen und Stühlen. "What's happening here? A **flea market**?"

"I forgot about the **antiques' dealer**. I called him weeks ago to come here and **pick up** some old stuff and have a look at two or three pieces that are perhaps a bit more **valuable**." Liz Hebblethwaite, angetan mit Schürze, roten Gummistiefeln und Arbeitshandschuhen, die aus ihren Händen wahre Bärenpranken machten, stellte eine alte Zinkwanne direkt vor Sarahs Füße.

"We can all use some **distraction** and some cash." Sie stemmte die Hände in die Hüften. "You did a good job, by the way. The Family Liason Officer has just called – Melissa **turned** herself **in** this morning. She **confessed** the whole thing. That woman is a psychopath."

"Melissa hat sich gestellt?", fragte Sarah ungläubig. Hatte sie nicht genau das gewollt? "Did she confess to Derek's murder?", fragte sie.

"Not yet, but isn't it obvious? She murdered Derek."

---

flea market [ˈfliː ˌmɑːkɪt] Flohmarkt **antiques' dealer** [ænˈtiːks ˌdiːlə] Antiquitätenhändler **to pick up sth.** [ˌpɪk ˈʌp] etw. abholen **valuable** [ˈvæljʊəbl] wertvoll **distraction** [dɪˈstrækʃn] Ablenkung **to turn oneself in** [ˌtɜːn wʌnself ˈɪn] sich stellen **to confess sth.** [kənˈfes] etw. gestehen

"She had a really good **motive**." Emma beförderte einen Karton mit alten Büchern so nachdrücklich zu den anderen Sachen, dass es staubte.

Übung 33: Bilden Sie Sätze – bringen Sie die Wörter in die richtige Reihenfolge.

1. my you saw So through trick little

______________________________.

2. papers all It in was local the

______________________________.

3. holiday a as I myself a consolation to treated

______________________________.

4. other got I raining and started side the to it

______________________________.

5. trip the day booked I to next minute for last a Spain

______________________________.

6. you questions No and find ask could unpleasant one

______________________________.

Ja, dachte Sarah, Melissa hatte wirklich ein Motiv gehabt. Aber das hatten viele. Allen voran Caro, die eifersüchtig und verletzt im Streit die Farm verlassen hatte. Aber auch Thomas, der noch am Vortag eine handgreifliche Auseinandersetzung mit seinem Bruder gehabt hatte, war zor-

---

motive ['məʊtɪv] Motiv

nig auf Derek gewesen, weil er sich zurückgesetzt fühlte und weil Derek sich geweigert hatte, ihm Geld zu leihen. Sogar Julia, dachte Sarah, während sie die Border Collies beobachtete, die ausgelassen um das Mädchen herumtollten, schien von Dereks Tod zu profitieren. Gestern noch hatte sie befürchten müssen, Job und Unterkunft auf der Farm zu verlieren, jetzt stand ihrer Arbeit mit den Hunden nichts mehr im Wege.

Es waren schon Menschen aus nichtigeren Anlässen umgebracht worden.

"Du scheinst dich nicht darüber zu freuen", bemerkte Caro.

"Ich kann es wohl nur noch nicht richtig glauben, dass dieser Albtraum vorbei sein soll." Sarah ging ihrer Schwester entgegen und nahm ihr einen Stapel alter Blumentöpfe aus der Hand. "Ich habe ihr irgendwie geglaubt, dass sie nichts mit Dereks Tod zu tun hat. Warum ist sie nicht einfach in ihrem Versteck geblieben und hat meinen Anruf ignoriert?"

"Manche Mörder warten nur darauf, dass man sie endlich fasst." Caroline zuckte die Schultern, ihr Gesicht war weiß und angespannt. "Am besten, man versucht gar nicht erst, das zu verstehen."

"Hey, Caro, have you found that little **mahogany table** yet?" Liz winkte zu ihnen herüber.

"No. Can you remember? Where did you put it?", rief Caroline zurück.

"Next to the old sewing machine."

"There's nothing there."

"And what about the **cabinet**?"

"It's not there either."

---

mahogany table [mə'hɒgənɪ ˌteɪbl] Mahagonitisch **cabinet** ['kæbɪnət] Schränkchen

"Everybody seems to be blind today." Kopfschüttelnd verschwand Liz selbst im Halbdunkel des Schuppens.
Caroline blickte ihr nach. "Viel Glück. Der Schuppen ist so gut wie leer, ich wüsste nicht, wo man da noch etwas übersehen sollte."
"Alte Damen haben manchmal ihre eigenen Verstecke." Sarah hakte sich bei ihrer Schwester unter. Kurz darauf tauchte Liz wieder auf, einen ratlosen Ausdruck im Gesicht. Für einen kurzen Moment war es Sarah, als habe sie ein Déjà-vu. Hatte sie diesen Ausdruck nicht schon einmal auf Elizabeth Hebblethwaites Gesicht gesehen? Und hatte Liz nicht erst vor Kurzem etwas Ähnliches gesagt?
"They**'ve disappeared**. That's strange." Liz strich sich nachdenklich über das Haar. "The hut was locked. I'll ask Thomas about it. Maybe he or Derek cleaned up in there."
"How valuable are the pieces of furniture exactly?"
"I don't know for sure. The dealer wanted to look at them today. They are beautiful pieces of **craftsmanship**. The table has some very pretty **marble inlays** and the cabinet is made of **carved walnut**. Maybe they'll sell for about 1000 pounds."
Sarah pfiff durch die Zähne. "That's a lot of money." An Caroline gewandt, fuhr sie fort: "Glaubst du, Derek könnte die Möbel an einen sichereren Platz gebracht haben?"
"Das würde mich wundern. Derek hat sich nie um den Schuppen hier gekümmert, und Thomas würde sich für Möbel vermutlich nur interessieren, wenn für ihn gehörig etwas dabei rausspränge."
Sarah spitzte nachdenklich die Lippen. "Denkst du, er

---

to disappear [dɪsə'pɪə] verschwinden **craftsmanship** ['krɑːftsmənʃɪp] Handwerkskunst **marble** ['mɑːbl] Marmor **inlay** ['ɪnleɪ] Einlegearbeit **carved** [kɑːvd] geschnitzt **walnut** ['wɔːlnʌt] Walnussholz

würde so weit gehen, Liz' Sachen zu verkaufen, um an Geld zu kommen?"
"Vielleicht. Er ist Alkoholiker, vergiss das nicht. Süchtige tun oft Dinge, die sie normalerweise verabscheuen würden."

Übung 34: "Much" oder "many"? Vervollständigen Sie die folgenden Fragen.

1. How __________ does a farm cost?
2. How __________ people live on the farm?
3. How __________ pieces of furniture are missing?
4. How __________ furniture is missing?
5. How __________ cars did Julia hear?
6. How __________ traffic is there usually on that road?
7. How __________ information do the police have about the murder?

"What about the key?" Sarah sprach jetzt wieder so laut, dass auch Liz und Emma sie hörten.
"It's in the kitchen. Everybody on the farm knows that."
"It's quite a coincidence. This hut is next to the kennels."
"Is there a **connection**? Does this coincidence have something to do with Derek's murder?" Sarah sah am unglücklichen Gesicht ihrer Schwester, dass Caroline sich diesen Gedanken nicht gestatten wollte.
"Julia heard a car that night. Did anyone steal the furniture? Did Derek see the **thief**?"

---

connection [kə'nekʃn] Verbindung **thief** [θi:f] Dieb

“Did a tramp steal the furniture and **accidentally** kill Derek?”, fragte Emma. Ihre Stimme klang, als würde sie jeden Moment in Tränen ausbrechen.
“Well, Melissa saw a stranger on the farm on the night of the fire.” Weder Liz noch Caroline schienen sonderlich überrascht angesichts dieser Neuigkeit.
“Maybe Derek or Thomas put the furniture away somewhere”, sagte Emma unsicher.
“Liz hat recht: Niemand außer der Familie wusste, dass unter dem alten Plunder wirklich etwas von Wert ist”, wandte Caroline ein.
“Ach, komm. Wenn jemand aus der Familie das Geld gebraucht hätte, hätte er nur Liz darum bitten müssen.”
“So wie Thomas Derek um Geld gebeten hat? Er hätte ihn fast sofort wieder hinausgeworfen, das hast du mir selbst erzählt”, erinnerte Sarah.
“Das passt doch alles nicht zusammen. Erst sagst du, dass ein Fremder hier herumstreunt, und dann behauptest du, jemand aus der Familie habe Derek umgebracht.”
“Ich werde auch noch nicht schlau daraus”, gab Sarah zu, “aber ich werde es schon noch herausfinden. I think”, wandte sie sich wieder an Emma und Liz, “we should tell the police about the missing furniture.”
“Don’t be ridiculous, Sarah.” Liz’ Augen erinnerten jetzt nicht mehr an Porzellanblümchen, sondern an Stahl. “We don’t want to bother the police just because I’m getting forgetful in my old age! Maybe I didn’t bring the furniture down at all. Maybe it’s still in the attic.”

---

accidentally [ˌæksɪˈdentlɪ] aus Versehen

Sixteen

"Sieh dir bloß dieses Foto an. Julia hat es bei der Schafschur von mir gemacht. Ich weiß gar nicht, wer unglücklicher aussieht, das Schaf oder ich." Sarah rückte ihren Laptop zurecht. "Weißt du noch, wie ich früher mit Papa die entwickelten Abzüge auf der Wäscheleine getrocknet habe?", fuhr sie mit gespielter Heiterkeit fort.

"Den Geruch nach Chemikalien werde ich nie vergessen." Caroline hatte ihre Strickjacke eng um den Körper gewickelt, als friere sie. Ihr Gesicht war angespannt.

"Das sind die Bilder, die ich auf der Zugfahrt gemacht habe. Der Bahnhof von Windermere."

"Ist das nicht Emma da vorne?" Caroline beugte sich vor und zum ersten Mal sah Sarah einen Funken von Interesse in ihren Augen. "Ich wusste gar nicht, dass sie dich abgeholt hat."

"Hat sie auch nicht." Sarah lächelte. "Ulkig, dass du das sagst; ich habe auch kurz gedacht, das wäre Emma, als ich die Bilder vor drei oder vier Tagen zum ersten Mal gesehen habe. Aber das kann nicht sein, die Fotos habe ich auf der Zugfahrt gemacht. In – wie heißt noch mal dieser niedliche kleine Bahnhof vor Windermere?"

"Kendal?"

"Ja. Ich habe die Leute auf dem Bahnsteig fotografiert, da war ein streitendes junges Paar." Sarah betrachtete das Bild genauer. Normalerweise hatte sie ein gutes Gespür für Gesichter, das gehörte zum Beruf. "Hm – ich dachte schon, die Ähnlichkeit mit Emma würde nur in meiner überreizten Fantasie existieren."

"Nein, Sarah, ich meine nicht, sie sieht aus wie Emma, das ist Emma. Ich kenne diesen Pullover."

"Ernsthaft?" Sarah runzelte die Stirn. "Das ist ja ein Zufall.

Ich dachte, ihr wärt an dem Tag alle unabkömmlich gewesen wegen des Feuers. Hat Emma vielleicht Besuch zum Bahnhof gebracht?"
"Wir hatten keinen Besuch. Aber andererseits hätte in der Aufregung sicher niemand ihre Abwesenheit bemerkt. Das ist wirklich komisch."
"Vielleicht dachte sie, ich komme in Kendal an", schlug Sarah vor, doch ihre Schwester schüttelte den Kopf.
"Ich bin mir sicher, dass ich nur mit Liz darüber gesprochen habe, wann und wo du ankommst. Sie hatte vermutlich nicht die geringste Ahnung, dass du in diesem Zug sitzt."
"Dann liegt die Antwort wohl bei ihrem mysteriösen Begleiter."
"Du meinst, sie hat einen heimlichen Liebhaber?"
Sarah hätte fast über Carolines fassungsloses Gesicht gelacht.
"Eigentlich meinte ich etwas anderes."
"Wieso, traust du ihr das nicht zu? Ich meine, ein fremder junger Mann, den sie vor uns allen verschweigt, wonach sieht das für dich aus? Thomas behandelt sie schlecht. Vielleicht ist sie endlich zu dem Schluss gekommen, dass sie sich das nicht länger bieten lassen will."
"Schau dir mal sein Gesicht an."
Caro zuckte die Achseln. "Er ist ein bisschen jung für sie."
"Das meine ich nicht. Sieh dir die Gesichtsform an. Dieselben Wangenknochen, dasselbe Kinn. Da ist eindeutig eine Familienähnlichkeit. Vielleicht Emmas Bruder?" Sarah betrachtete das Bild eingehender. Die Haare waren dunkler und lockiger als die von Emma, was das Gesicht des jungen Mannes weniger farblos wirken ließ. Trotzdem war die Ähnlichkeit da.
"Könnte das nicht Zufall sein?", fragte Caroline zögernd.

“Ich glaube nicht, dass Emma noch lebende Verwandte hat. Sie redet so gut wie nie über ihre Familie; ich glaube, ihre Kindheit war kein Zuckerschlecken.”
“Sie hat sich für sie geschämt”, sagte Sarah leise. Das Gespräch auf dem Weg zur Weide fiel ihr wieder ein. “Sie hat es mir erzählt, aber ich hatte keine Ahnung, dass es von Bedeutung sein könnte. Sie hat mich gefragt, ob ich von meiner Familie enttäuscht sei, und darauf gedrängt, dass ich dich nicht im Stich lassen dürfe.”
Caro schüttelte zweifelnd den Kopf. “Du denkst, sie hatte Besuch von ihrem Bruder und hat hier niemandem etwas davon gesagt? Das ist wirklich seltsam.”
“Vielleicht war das der Grund für den Streit auf dem Bahnhof”, mutmaßte Sarah und betrachtete das Foto mit zusammengekniffenen Augen. Der Mann trug speckige Jeans und eine abgewetzte Lederjacke. “Er sieht nicht gerade wohlhabend aus, eher ein bisschen abgerissen.”
Caro schüttelte ungläubig den Kopf. “Sarah, lass uns mit Emma reden, wenn sie zurück ist.”
“Wo ist sie hin?”, wollte Sarah wissen.
“Nach Keswick, Futtermittel kaufen. Sie müsste jeden Moment wiederkommen.”

Übung 35: Adjektiv oder Adverb? Unterstreichen Sie die richtige Form.

1. They ran *(quick/quickly)* to the barn.
2. Melissa disappeared *(mysterious/mysteriously)*.
3. The Lake District has always been very *(popular/popularly)* with tourists.
4. Thomas seems quite *(aggressive/aggressively)*.
5. Sarah ate the coddled eggs *(hungry/hungrily)*.
6. Julia looks after the dogs *(good/well)*.

Sie tranken Kaffee in der Küche, als Julia hereinstürzte. "Caroline, are you in there?"
Erhitzt vom Laufen, rang Julia heftig nach Atem. "Come quickly or he'll hurt her!", stieß sie hervor.
"Who?"
"Thomas! He**'s hitting** Emma. You've got to help! I called for Liz but I can't find her."
Caro warf Sarah einen raschen Blick zu. "Emma is back? Where are they?"
"In the barn! Come on!"
Emmas hysterische Schreie waren über den ganzen Hof zu hören. Entsetzt starrte Sarah auf das Bild, das sich ihnen in der Scheune bot.
Emma kauerte mit wirrem Haar neben der Leiter, die hinauf zum Heuboden führte. Ihr linkes Auge war völlig zugeschwollen, ansonsten schien sie jedoch unverletzt. Sie schrie offenbar aus Sorge um einen jungen Mann, den Thomas unerbittlich festhielt. Er war größer als Thomas, aber wesentlich schmächtiger.
"Hey", protestierte der Mann, "you've got the wrong idea!"
"I'll teach you – sleeping with my wife", keuchte Thomas. Sein Gesicht war rot angelaufen bis hinauf zu dem schütteren Haaransatz.
"Thomas, what are you talking about? It's not true! Let him go!", schrie Emma.
"You keep out of this", fuhr Thomas sie an, "we'll talk later. You've made a fool of me for long enough." Für einen Moment war seine Aufmerksamkeit abgelenkt, und diesen Augenblick nutzte sein Gegner, um einen Arm freizubekommen und Thomas mit aller Kraft seinen Ellenbogen in

---

to hit (hit, hit) sb. [hɪt / hɪt / hɪt] jdn. schlagen

den Magen zu rammen. Thomas krümmte sich zusammen und der andere kam frei. Er taumelte zurück und holte seinerseits zum Schlag aus. Obwohl er jünger als Thomas war, schien dieser ihm bereits heftig zugesetzt zu haben, denn er bewegte sich unsicher.

"Wir müssen sie auseinanderbringen", zischte Sarah.

Caroline griff nach einer Mistforke, die im Heu lag. Sarah hatte ihre Schwester während ihres ganzen Aufenthalts hier nicht so entschlossen gesehen. "That's enough! Stop it! Otherwise I'll use this **pitchfork**." Die Spitzen der Forke richteten sich bedrohlich erst auf den Fremden, dann auf Thomas.

"You'd better tell him!" Der Jüngere ließ mit einem spöttischen Lachen die Fäuste sinken. "He **stormed in** like a **lunatic** and started **beating** me **up**."

"You dirty bastard!" Thomas machte erneut einen drohenden Schritt vorwärts, doch Caroline stieß ihm die Forke entgegen und er blieb stehen.

"What's going on here?" Liz' Stimme ließ alle Anwesenden herumfahren.

"We don't know yet, but I hope Thomas, Emma and this gentleman here will tell us."

Liz trat auf Emma zu, die sich langsam wieder aufrappelte.

"Are you all right, love? Are you hurt?"

"Oh, that's so typical", höhnte Thomas, "how can you be sorry for that **whore**?"

"Thomas!" Liz' Stimme hatte einen scharfen Klang.

"Poor little Emma has a secret lover. How romantic!"

---

pitchfork [ˈpɪtʃfɔːk] Mistgabel **to storm in** [ˌstɔːm ˈɪn] hereinstürmen **lunatic** [ˈluːnətɪk] Irrer **to beat (beat, beaten) sb. up** [ˌbiːt / ˌbiːt / ˌbiːtn / ˈʌp] jdn. verprügeln **whore** [hɔː] Hure

Jetzt, da Emmas Mann ihn nicht mehr festhielt, schien Thomas' Gegner die Situation durchaus amüsant zu finden. Emmas Wangen glühten vor Verlegenheit.

"Thomas, you don't know ..."

"I know my 'respectable' wife met here secretly with this **scumbag**. Isn't that enough? Or do you have a better explanation?"

Sarah sah das Bild des streitenden Paars auf dem Bahnhof vor sich. Der Mann auf dem Bild trug eindeutig die Züge von Thomas' Kontrahent. "He's not her lover. He's Emma's brother."

Thomas blickte Emma entgeistert an.

"How do you ...? I mean – nobody knows", stammelte Emma verwirrt.

"Sarah is right. He's her brother Mark", sagte Liz.

Übung 36: Stimmen die folgenden Aussagen? Kreuzen Sie die zutreffenden Sätze an.

1. ☐ Melissa Stavely has confessed to the murder.
2. ☐ Thomas has often hit Emma.
3. ☐ Thomas thinks the stranger is Emma's lover.
4. ☐ Sarah didn't **recognize** the stranger.
5. ☐ Caroline is holding a pitchfork.
6. ☐ The stranger is older than Thomas.

"You have a brother?", unterbrach Thomas. "But your parents and brother died in a car accident."

"Actually, only my mother died. But I don't understand. How did you find out, Liz?"

---

scumbag ['skʌmbæg] Mistkerl **to recognize sb.** ['rekəgnaɪz] jdn. erkennen

"I found out by chance. One day not so long ago the police came by. They were looking for a man called Mark. Your long lost brother. He was in ...", die alte Frau räusperte sich, "... a spot of bother. Perhaps he was here – that's what the police thought. Perhaps he was looking for help here because his sister was living here. But I couldn't help them."
"You knew all along and you didn't tell me about it?", sagte Emma tonlos.
"You surely had good reason not to talk about him and I respected your decision."
"Wait, what 'spot of bother'?" Ein alarmierter Ton schwang in Carolines Stimme.
"He is always in trouble", sagte Emma resigniert.
"What kind of trouble exactly?"
"He has been to ... prison." Wieder war es Liz, die die Antwort gab.
"You've invited a **convicted criminal** to the farm, Emma? Are you **insane**? What **crime** did he **commit,** by the way? And how long has he been here?" Carolines anfangs gefährlich ruhige Stimme hatte sich langsam immer höher geschraubt.
"But I didn't invite him! He showed up here two days before your sister arrived. I didn't know what to do. I let him stay in the barn. And then look what happened!" Emma starrte Caroline an. "Wait, what are you doing?"
Caroline hatte ihr Handy herausgeholt und begann zu wählen. "What do you think? Calling the police. Perhaps

---

convicted [kən'vɪktɪd] verurteilt **criminal** ['krɪmɪnl] Krimineller **insane** [ɪn'seɪn] verrückt **to commit a crime** [kəˌmɪt ə 'kraɪm] ein Verbrechen begehen

I was wrong about Melissa. Perhaps your brother killed Derek!"

"No, wait!

"What are you talking about, I didn't touch anybody!" Die amüsierte Selbstgefälligkeit, mit der Emmas Bruder die Auseinandersetzung verfolgt hatte, war mit einem Schlag verschwunden.

"My husband found you sleeping in the hay loft and you killed him!", sagte Caroline kalt und hielt das Telefon an ihr Ohr gepresst.

"But we found Derek in the trophy room, not in the hay loft", erinnerte Sarah.

"I don't even know any Derek." Marks Blick huschte unsicher zwischen den Familienmitgliedern hin und her.

"You're not fooling me." Caroline klang kühl. "Emma just admitted it."

"No, I didn't!" Emmas Augen waren weit vor Entsetzen.

"Come on. You said: 'And then look what happened!' You were talking about Derek's murder."

"No! Mark was not even here then. I sent him back to London the day after ..." Emmas Stimme erstarb.

"The day after the barn burnt down", beendete Sarah den Satz. "You were not talking about Derek's murder. You were talking about the fire in the barn, right?"

Melissa hatte in der Nacht des Brandes nach Derek gesucht, um eine Aussprache zu erzwingen. Die Beschreibung des Fremden, den sie dabei auf dem Hof gesehen hatte, passte auf Mark.

"It was an accident!", verteidigte sich Emmas Bruder unsicher. "I fell asleep and the **bloody** hay caught fire. I barely

---

bloody ['blʌdɪ] verdammt

got out alive myself. It was just some hay and an old barn. Nobody got hurt! But my big sis panicked as usual. She wanted to get rid of me and packed me straight off to London."

"She drove you to the train station in Kendal, right? You were unlucky. My train from Manchester stopped there, too, and I took some photos of the people on the platform. I showed Caro the photos and she recognized Emma at once."

"So you burnt down our barn and ran away afterwards." Liz musterte Mark mit zusammengezogenen Augenbrauen wie einen Schuljungen, den sie bei einer Missetat erwischt hatte. Emmas Bruder wich ihrem Blick aus.

"It's not my fault." Mit einer fahrigen Bewegung strich er sich immer wieder die Haare aus dem Gesicht. Sarah fiel auf, wie unsicher seine Bewegungen wirkten. Auch Caroline schien das zu bemerken. "Was ist mit ihm los?"

"Ich glaube, er hat Entzugserscheinungen. Vielleicht ist er süchtig und brauchte Geld für neuen Stoff", sagte Sarah. "You are a **drug addict**. You didn't notice the fire in time because you had taken drugs."

"What?" Mark warf erst seiner Schwester, dann Sarah einen anklagenden Blick zu. "I don't have to say anything."

"Answer her. She'll find out anyway." Liz' Stimme klang hart.

"I'm trying to get clean, really. It's hard. I never had a chance. Just ask my sister. No, it's not my fault. You remember, Emma, don't you?"

"You make sure I never forget." Emmas Gesicht hatte einen gequälten Ausdruck angenommen.

---

drug addict ['drʌg ˌædɪkt] Drogenabhängiger

"You left me, just like everybody else."
"Our mother died in an accident and I was little more than a kid myself."
"You **walked out on** me, just like the others. Just like Ma and Dad. You aren't any better."
"I couldn't **raise a child** on my own. I was so young!" Tränen begannen Emma über das Gesicht zu strömen.
"So you left me with him. You went to your fine **foster family**."
"He was our father, I couldn't do anything!" Emma hatte die Hände vors Gesicht geschlagen und ihre Stimme klang dumpf hervor. "I **prayed**. I wanted him to die. I wanted to be with you. I was so ashamed."

Übung 37: Setzen Sie das passende Akkusativpronomen ein, wie im Beispiel vorgegeben.

1. He should die. I wanted ___*him*___ to die.
2. They should leave. I wanted __________ to leave.
3. We should pay. They wanted __________ to pay.
4. I should stop. You wanted __________ to stop.
5. She should give me some money. I wanted __________ to give me some money.
6. You should stop hitting me. I wanted __________ to stop hitting me.

---

to walk out on sb. [ˌwɔːk ˈaʊt ɒn] jdn. sitzenlassen **to raise a child** [ˌreɪz ə ˈtʃaɪld] ein Kind großziehen **foster family** [ˈfɒstə ˌfæmlɪ] Pflegefamilie **to pray** [preɪ] beten

Was, dachte Sarah, konnte ein Vater seinen Kindern antun, dass sie auf seinen Tod hofften? Welche Abgründe mochten sich hinter der von Emma über Jahre mühsam aufrechterhaltenen Fassade der angeblich verstorbenen Familie verbergen? Vornehme Zurückhaltung, hatte die Devise ihrer Eltern immer gelautet; man schnüffelte nicht in anderer Leute Privatleben, dann erfuhr man auch nichts über die Abgründe, die sich hinter manchem schönen Schein verbargen. Sie hatte in den wenigen Tagen auf Caros Farm geglaubt, ihre Bewohner mit ihren Schwächen und Stärken einigermaßen kennengelernt zu haben. Jetzt stellte sich heraus, dass sie nur wusste, was sie hatte wissen sollen.

"Dad treated you badly, but he was our father." Emma warf Liz einen Hilfe suchenden Blick zu.

"What was he like?"

"Our father? He was a terrible man. He hurt my mother and me. Then he left us and we were so happy", erklärte Emma unter Schluchzen. "But our mother died in a car crash and he came back and got **custody** for Mark. But I went to a foster family."

"He **abused** me."

Emma presste die Hände auf die Ohren. "Please! I did what I could."

"I came to you for help. You sent me away. Back home."

"Ich höre mir diesen Unsinn nicht mehr länger an. Es wäre doch ein Leichtes für ihn gewesen, unbemerkt zurückzukommen." Ein entschlossener Ton lag in Carolines Stimme; es war offensichtlich, dass sie glaubte, Dereks Mörder vor sich zu haben. "Das ist ja eine herzzerreißende Familiengeschichte, aber er ist ein drogensüchtiger Gelegen-

---

custody ['kʌstədɪ] Sorgerecht **to abuse sb.** [ə'bjuːz] jdn. misshandeln heitsdieb – vermutlich ist er ohne Emmas Wissen heimlich zurückgekommen, um sich selbst zu beschaffen, was Emma ihm nicht geben wollte. Derek hat ihn überrascht, da hat er zugeschlagen. Sarah, ich rufe jetzt die Polizei." Wieder zog sie ihr Telefon aus der Tasche.

Übung 38: Wer hat die folgenden Sätze gesagt? Notieren Sie den Namen der jeweiligen Person.

1. "It looks so easy."

____

2. "My husband's the prime suspect in a murder case."

____

3. "Her obsession for the dogs has caused enough trouble!"

____

4. "I am afraid Melissa is not here at the moment."

____

5. "Melissa has always been as cool as a cucumber."

____

6. "Derek died of unnatural causes."

____

7. "This is Mister Ed, the Talking Horse."

____

"Warte." Sarah legte ihrer Schwester die Hand auf den Arm. Sie blickte von Thomas zu Emma, dann wandte sie sich an Mark. “You finally got some help from your sister.”

“Oh, she wasn’t very **keen** at first, but in the end she came up with some cash.”

“My wife gave you money?”, mischte sich Thomas ein. “How much?”

“Hey, calm down, **mate**. Just a few hundred.”

“So you came back again because you wanted more?”

“She owed me this money.” Emmas Bruder blickte Sarah trotzig an. “She promised me more money, so now I have come back to get it.”

“You lying bastard.” Thomas machte Anstalten, sich wieder auf Mark zu stürzen. “My wife has no money of her own. Caroline is quite right. You have been here the whole time. You killed my brother.”

Emma war totenblass geworden.

“Hey, she’s scared of you. But she doesn’t have to ask you for money.”

“What does that mean?” Thomas’ Stimme überschlug sich, und hätte Liz’ Hand sich nicht fest um sein Handgelenk geschlossen, vermutlich hätte er sich wieder auf den anderen gestürzt.

“No, Thomas!”, rief Emma verzweifelt. “He hasn’t been here the whole time. I took him to the train station myself. He didn’t kill Derek. Please, believe me.”

“Yeah, listen to her. I didn’t kill anybody.”

Emma nickte. Mit allen Mitteln versuchte sie, diesen Bruder zu verteidigen, der sie so offensichtlich ausnutzte und sich ihre Schuldgefühle zunutze machte. Ein gewalttätiger Alkoholiker als Ehemann und ein solcher Bruder – Sarah war

---

keen [kiːn] erpicht darauf **mate** [meɪt] Kumpel

sich ziemlich sicher, dass das für sie der Moment gewesen wäre, die Reißleine zu ziehen. Doch wenn sie Emmas Gesicht betrachtete, wusste sie, dass Emma das nicht konnte. Sie würde nicht loslassen, selbst wenn es sie zugrunde richtete. Ein dumpfer Schmerz begann sich in Sarahs Kopf auszubreiten. Sie hörte ihre eigene Stimme kaum, als sie sich wieder an Mark wandte.

"Your sister had no money. But did you give her a few useful tips?"

Ein lässiges Schulterzucken. "On a farm like this there are usually valuable things in hidden places. Nobody will miss them. **Old biddies** often own real treasures." Er warf einen abschätzigen Blick auf Liz, als wolle er taxieren, welche verborgenen Schätze sie in ihrem Leben angesammelt haben mochte. "I just gave her a name."

"The name of a **fence**."

"What do you mean? No, of course not. Just an old friend. You can give him a call."

"And then Emma came up with a few hundred pounds", sagte Sarah. Sie wandte sich an Caroline. "Genau der Betrag, den man bei so einem zweifelhaften Händler für ein altes Medaillon erzielen könnte. In Wahrheit war es vermutlich ein Vielfaches wert."

"Tante Sues Medaillon! Du glaubst doch nicht, dass Emma ...?"

Sarah konnte im Gesicht ihrer Schwester lesen wie in einem offenen Buch. Überraschung, Bestürzung und Enttäuschung standen darin, doch was sie nicht fand, war Zweifel. In diesem Augenblick wusste sie, dass ihre schlimmsten Befürchtungen sich bewahrheiten würden.

---

old biddy [ˌəʊld ˈbɪdɪ] alte Schachtel **fence** [fens] Hehler

Übung 39: Vervollständigen Sie die folgenden Sätze, indem Sie die angegebenen Wörter einsetzen.
(*stake, lose, wrong, scared, Sorry, nothing*)

Emma blickte erst zu Sarah, dann zu Caroline. "**1.** ________, what are you talking about? What's **2.** ________?"

Sarah versuchte, ruhig zu bleiben. "Why did your brother go back to London, Emma?"

"I've already told you. He got **3.** ________ after the fire."

"But he had **4.** ________ to **5.** ________. Your whole life was at **6.** ________.

Your future was on Helvellyn farm. You had that splendid idea for the wool shop. But you had let your brother sleep in the barn and he had started the fire." Sarah wartete keine Antwort ab. "He was blackmailing you. He needed drugs and money."
"All right. I gave him some money. I sold an old **necklace** of my mother's." Emmas Blick war jetzt trotzig.
War das möglich? Vielleicht hatte sie wirklich ein paar Erinnerungstücke von ihrer Mutter geerbt. Doch falls dem so war, würden die nicht längst verkauft oder versetzt sein, um die eigene Farm zu retten, die Thomas in den Ruin getrieben hatte? Sarah schüttelte den Kopf. "I don't believe you. Come on! The police will find the fence sooner or later."
"Was it my locket, Emma?" Liz gelang es, keine Anschul-

---

necklace ['nekləs] Halskette

digung in ihre Stimme zu legen, nur Sorge um ein verlorenes Kind. Auf Emma hatte das mehr Wirkung als alle Vorwürfe der Welt.
"I'm so sorry, Liz. I was desperate. Mark is right, I owed him something. Maybe he just wanted to use me. You are probably right. But he is family and I couldn't let him down. He's my brother and that's all that counts."
Wo wurde Selbstlosigkeit zu Selbstzerstörung? Wie, dachte Sarah, würde sie handeln, wenn es um Caroline ging? Würde sie nicht alles für sie tun? Aber war ihr Verhältnis zu Caro überhaupt dem zwischen Emma und ihrem Bruder vergleichbar? Immerhin hatten sie ein Verhältnis, während Emma für Mark eine Fremde war. Emma war nicht dumm. Sie mochte naiv sein, aber niemand konnte Sarah erzählen, dass es nicht einen Punkt gegeben hatte, an dem sie bemerkt hatte, welches Spiel ihr Bruder spielte.
"But you couldn't **introduce** him to the rest of the family. Not after the barn burnt down. Derek was already angry with Thomas. And you wanted to stay here on the farm. So you lied for your brother. Will he do the same for you, Emma? Will he lie about murder for you?"
"Why are you always talking about murder? You can't **put the blame on** me. I was only interested in my money."
Der Blick, den Mark seiner Schwester zuwarf, zeugte von allem anderen als brüderlicher Zuneigung. Konnte Emma tatsächlich so blind gewesen sein?
"Well, maybe you made her kill him."
"Emma didn't kill anyone. Don't be ridiculous." Mark begann zu lachen. "Emma just sold some old furniture.

---

to introduce sb. [ˌɪntrəˈdjuːs] jdn. vorstellen **to put the blame on sb.** [ˈpʊt ðə ˌbleɪm ɒn ˈmiː] jdm. die Schuld geben

She drove it away by car in the middle of the night, that's all."

Als sie Mark lachen hörte, rutschten all die ungeklärten Fragen in Sarahs Kopf wie Puzzleteile an den richtigen Platz. Das Auto, das Julia in der Mordnacht gehört hatte. Die Antiquitäten, die niemand zwischen all dem Trödel vermutet hätte. Der Schlüssel, den niemand außer einem Familienmitglied genommen haben konnte. Die Tatsache, dass die Hunde in der Mordnacht nicht gebellt hatten. Und immer wieder Emma, die auf eine Zukunft auf der Farm hoffte.

Mark war wieder ernst geworden. "It was no big deal. My sister was making a mountain out of a molehill ..."

Vielleicht war es diese letzte, unvollendete Bemerkung, die in Emma alle Dämme brechen ließ. Sie griff nach der Mistgabel, die Caroline an die Wand gelehnt hatte, und stürzte sich auf ihren Bruder. "You bastard! I lied for you, I stole for you and I even killed for you. I killed a man, a man who was family too!"

Mark stieß einen gellenden Schrei aus, drehte sich um und wollte davonlaufen. Dann war überall Blut. Die Forke ragte aus seinem Rücken.

Seventeen

"Wird er durchkommen?"
Caroline ließ langsam den Hörer sinken. "Ja, er wird überleben. Die Mistgabel hat seine Wirbelsäule verletzt. Er wird vielleicht nicht mehr laufen können, aber er wird es schaffen. Hältst du mich für eine Barbarin, weil ich wünschte, er wäre tot?"
Sarah schüttelte stumm den Kopf. "Wäre er nicht gewesen, würde Derek noch leben. Egal, was Emma getan hat, für mich wird immer ihr Bruder der wirklich Schuldige bleiben. Emma ist nicht so stark, wie sie wirken mag. Man kann einen Schafstall ausmisten und Trecker fahren und trotzdem eine verletzliche Seele haben. Der Mistkerl hat sie so lange unter Druck gesetzt, bis sie nicht mehr wusste, was sie tun sollte. Er hat aus ihr eine Diebin und Mörderin gemacht. Ich hoffe, er verrottet im Gefängnis für alles, was er getan hat."
Das wirklich Tragische, dachte Sarah, war die Verkettung von Zufällen, die zu Dereks Tod geführt hatte. Hätte der Schuppen mit den Möbeln nicht direkt neben dem Trophäenraum gelegen und hätte Derek sich nicht aufgrund des vorausgegangenen Ehekrachs entschlossen, dort zu übernachten, hätte er Emma nicht beim Diebstahl der Möbel überrascht.
Caroline schien denselben Gedanken zu haben. "Ich wünschte, sie hätte die Möbel unbemerkt genommen und verkauft", sagte sie dumpf. "Was some old furniture really worth a human life?"
"Of course not, but what did Derek say to her? Did he **provoke** her? He was **probably** not very understanding. He

---

to provoke sb. [prə'vəʊk] jdn. provozieren **probably** ['prɒbəblɪ] vermutlich

was not very good with things like that", sagte Liz, die leise hinzugetreten war.
Eine scharfe Falte, die Sarah noch nie zuvor aufgefallen war, hatte sich in Carolines Mundwinkel gegraben. "Did he threaten to send her and Thomas away? Did he **shatter** all her hopes? Did he even make fun of her perhaps?"

Übung 40: Übersetzen Sie die folgenden Begriffe aus der Geschichte ins Deutsche.

1. pitchfork ______________________

2. lunatic ______________________

3. whore ______________________

4. criminal ______________________

5. drug addict ______________________

6. necklace ______________________

7. fence ______________________

8. foster family ______________________

"Emma was desperate. She hit him with his own trophy. She wanted to save her dream." Liz' Gesicht war nicht wütend, nur traurig. Sie hatte nicht nur einen Enkel verloren, sondern auch eine Enkelin. "Do you hate her?" Die Frage richtete sich gleichermaßen an beide anderen Frauen. Caroline war die Erste, die sich zu einer Antwort entschloss. "I can't feel anything right now. At least the **funeral director**

---

to shatter sth. [ˈʃætə] etw. zunichte machen **funeral director** [ˈfjuːnərəl dəˌrektə] Bestattungsunternehmer called. The police have arrested the **culprit** and now we can arrange everything for the funeral. I hope we can find some peace then."

Sarah fiel keine Antwort ein, aber ihre Hand stahl sich vorsichtig in die ihrer Schwester, so wie sie es als kleine Mädchen immer getan hatten, wenn es galt, irgendwelchen Widrigkeiten zu trotzen. Bildete sie es sich ein, oder klang Carolines Stimme etwas fester, als sie weitersprach?

"I've decided to keep the farm. Julia and Liz will help me. Julia has started to work with the dogs in her spare time and she's doing surprisingly well." Energisch schob sie das Kinn vor. "Maybe Thomas will stay too. I have set out my conditions. He has to stop drinking. I don't want any addicts on my farm." Sie warf Liz einen fragenden Blick zu.

"I hope he can stop drinking. I don't know. Emma will be away for a very long time. It's hard. The family has fallen apart."

Übung 41: Vervollständigen Sie die Begriffe aus dem "Murder in the Night"-ABC. Die Zahl der Buchstaben ist vorgegeben.

1. V stands for _ _ _ _ _ _ _ _ _ _ _ – these tourists visited the Lake District with framed mirrors.

2. W stands for Lake _ _ _ _ _ _ _ _ _ _ _ – the most famous lake in the Lake District.

3. X stands for _ x _ _ _ _ _ _ _ _ _ _ – only walkers like

---

culprit ['kʌlprɪt] Täter

this should take the dangerous route to the summit of Helvellyn.

4. Y stands for _ _ _ _ _ _ – you can see these sailing on the lakes.

5. Z stands for _ – _ _ _ _ – the police drive these.

"Shall I stay for a while?" Sarah versuchte, ihre Stimme beiläufig klingen zu lassen.
"Here on Helvellyn? But what about Germany?"
"I still have to complete a book, remember?" Sarah lächelte. Deutschland erschien ihr im Moment sehr weit weg. "I'm a **freelancer**, so it doesn't really matter. I can stay and work from here for a while. I can finish my book and perhaps learn how to shear a sheep at last."
Caroline antwortete nicht sofort, aber ein zaghaftes Lächeln hatte sich in ihre Mundwinkel gestohlen. Das erste seit Tagen.

---

freelancer [ˈfriːlɑːnsə] Freiberuflerin

Lösungen

Übung 1

1. false, 2. true, 3. true, 4. false, 5. false, 6. true

Übung 2

1. short, 2. advice, 3. directions to, 4. flew, 5. good luck, 6. grandmother

Übung 3

1e, 2d, 3a, 4b, 5c, 6f

Übung 4

1. in, 2. about, 3. around, 4. in, 5. at, 6. out

Übung 5

1. brother-in-law, 2. station, 3. grandmother, 4. news, 5. hiking boots, 6. countryside, 7. husband, 8. barn

Übung 6

1. a patchwork quilt, 2. Derek, 3. the orchard, 4. the cottage, 5. Julia, 6. Derek

Übung 7

1. is, 2. Have … met, 3. was joking, 4. Do … help, 5. breeds, 6. Are … having

Übung 8

1f, 2d, 3a, 4e, 5b, 6c

Übung 9

1. orchard, 2. barn, 3. killjoy, 4. dangerous, 5. shelter, 6. scrambled

Übung 10

1. accident, 2. breed, 3. collie, 4. diplomat, 5. eggs, 6. fells, 7. graze, 8. hardy

Übung 11

1. have lost, 2. is going to open, 3. mentioned, 4. brought, 5. was looking, 6. put

Übung 12

1. false, 2. true, 3. false, 4. true, 5. true, 6. true

Übung 13

1. fashion victim, 2. romantic painting, 3. dolls' house, 4. mother hen, 5. picture book, 6. idiot

Übung 14

1d, 2f, 3a, 4c, 5b, 6e

Übung 15

1d, 2f, 3a, 4b, 5c, 6e

Übung 16

1. the, 2. the, 3. a, 4. The, the, 5. a, 6. a, a

Übung 17

1. dirty, 2. well, 3. sober, 4. careless, badly, 5. loudly, 6. dangerous

Übung 18

1. search, 2. animal, 3. rain, 4. evidence, 5. paper, 6. jacket

Übung 19

1. Blut, 2. Beweisstück, 3. Leiche, 4. Unfall, 5. Suchhund, 6. Geplauder

Übung 20

1. internship, 2. jacket, 3. Keswick, 4. Lake, 5. Melissa, 6. neighbour, 7. organic, 8. pastures

Übung 21

1. to walk, 2. dark, 3. modern woman, 4. self-employed, 5. jacket, 6. a false name

Übung 22

1. her horses, 2. with Derek, 3. Julia, 4. Beatrix Potter, 5. Staveley, 6. Melissa's jacket

Übung 23

1. was, 2. didn't accept, 3. started, 4. didn't find, 5. had, 6. was, 7. didn't know, 8. avoided

Übung 24

1. false, 2. true, 3. true, 4. false, 5. false, 6. true

Übung 25

1. animal, 2. Lake Windermere, 3. train, 4. recipe, 5. locket, 6. doll

Übung 26

1f, 2d, 3a, 4b, 5c, 6e

Übung 27

1e, 2a, 3d, 4b, 5f, 6c

Übung 28

1. Liz, 2. Emma, 3. Sarah, 4. Derek, 5. Caroline

Übung 29

1. quilt, 2. roads, 3. sheep, 4. Thomas, 5. unused

Übung 30

1. are looking, 2. heard, 3. haven't charged, 4. isn't talking, 5. killed, 6. takes

Übung **31**

1. fiddle, 2. molehill, 3. wool, 4. cucumber, 5. air, 6. alive, kicking

Übung 32

1. took, 2. walked, 3. looked, 4. imagined, 5. attack, 6. told, 7. knew, 8. was, 9. got, 10. brought

Übung 33

1. So you saw through my little trick. 2. It was in all the local papers. 3. I treated myself to a holiday as a consolation. 4. I got to the other side and it started raining. 5. I booked a last minute trip to Spain for the next day. 6. No one could find you and ask unpleasant questions.

Übung 34

1. much, 2. many, 3. many, 4. much, 5. many, 6. much, 7. much

Übung 35

1. quickly, 2. mysteriously, 3. popular, 4. aggressive, 5. hungrily, 6. well

Übung 36

1. false, 2. true, 3. true, 4. false, 5. true, 6. false

Übung 37

2. them, 3. us, 4. me, 5. her, 6. you

Übung 38

1. Sarah, 2. Emma, 3. Liz, 4. Melissa's flatmate, 5. Derek, 6. Caroline, 7. Melissa

Übung 39

1. Sorry, 2. wrong, 3. scared, 4. nothing, 5. lose, 6. stake

Übung 40

1. Mistgabel, 2. Irrer, 3. Hure, 4. Verbrecher, 5. Drogenabhängiger, 6. Halskette, 7. Hehler, 8. Pflegefamilie

Übung 41

1. Victorians, 2. Windermere, 3. experienced, 4. yachts, 5. Z-cars

Liebe Leserinnen und Leser,

Die einzelnen Titel aus der Reihe Lernschmöker sind den sechs verschiedenen Niveaustufen des Gemeinsamen Europäischen Referenzrahmens für Sprachen zugeordnet. Welcher Niveaustufe dieser Titel angehört, können Sie der Angabe auf dem Cover bzw. Buchrücken entnehmen.
Die Niveaustufen bedeuten:
A1/A2: *Elementare Sprachverwendung*, d. h.
A1: Sie können einzelne Wörter und ganz einfache Sätze verstehen.
A2: Sie können ganz kurze und einfache Alltagstexte lesen.
B1/B2: *Selbstständige Sprachverwendung*, d. h.
B1: Sie verstehen Texte, in denen v. a. sehr gebräuchliche Alltags- und Berufssprache vorkommt.
B2: Sie verstehen zeitgenössische literarische Prosatexte.
C1/C2: *Kompetente Sprachverwendung*, d. h.
C1: Sie verstehen Sachtexte, technische Fachartikel sowie literarische Texte.
C2: Sie verstehen jede Art geschriebener Texte, auch wenn sie inhaltlich und sprachlich komplex sind.

Sollten Sie ganz genau wissen wollen, welche Niveaustufe für Sie geeignet ist, so finden Sie auf unserer Website unter www.langenscheidt.de sowohl eine kompakte Beschreibung der einzelnen Referenzniveaus als auch eine Orientierungshilfe zur Selbstbeurteilung in Bezug auf die verschiedenen Niveaustufen.
So können Sie die Lektüre wählen, die ideal auf Ihre Sprachkenntnisse und Bedürfnisse zugeschnitten ist.
Viel Spaß beim Lernschmökern!

Ihre Langenscheidt-Redaktion

English at its best

Weitere spannende Lernschmöker

The Dating Game
Frauenroman, ab C1
Von Carole Eilertson

Elf on Earth – Elfe auf Erden
Fantasy, ab B1
Von Anja Thieme

Frauenromane

Let Sleeping Men Lie – Schlafende Männer soll man nicht wecken
ab A2
Von Christine Spindler

A Taste of Notting Hill
ab C1
Von Carole Eilertson

The Baby Project – Unternehmen Baby
ab A1
Von Momo Evers

Three Cocktails and a New Life – Drei Cocktails und ein neues Leben
ab A2
Von Dagmar Puchalla

Norwegian Elephants – Norwegische Elefanten
ab B1
Von Elke de Witt

Love on Board – Liebe an Bord
ab B2
Von Christine Spindler

Historische Romane

The Pilot – Der Pilot
ab B2
Von Tobias Radloff

The Gunpowder Plot
ab C2
Von Alan Brouder

Dangerous Words – Gefährliche Worte
ab A2
Von Charlotte und Alan Lyne

The Great Plague – Die große Pest
ab B1
Von Erika Sophie Hopmann, Heidelore Mais

The Forgotten Ruin – Die vergessene Ruine
ab B1
Von Erika Sophie Hopmann, Heidelore Mais

Krimis

Lost in Ireland – Verschollen in Irland
ab A2
Von Billie Rubin

The Zodiac Murders – Die Tierkreis-Morde
ab B2
Von Carole Eilertson, Dagmar Puchalla

Murder in the Night – Mord bei Nacht
ab A2
Von Stefani Hübner, Martin Hooper

The Girl Without a Memory – Das Mädchen ohne Erinnerung
ab A2
Von Dore Steinert

Thriller

Your Heart Belongs to Me – Dein Herz ist mein
ab B1
Von Dore Steinert

Langenscheidt
...weil Sprachen verbinden

www.langenscheidt.de